全国技工院校“十二五”系列规划教材
中国机械工业教育协会推荐教材

职业核心能力基础训练

主　编　尹凤霞　范　琳
参　编　刘彩玲　欧小球　霍廷菊　刘议文
　　　　陈　玲　姚维杰　黄晓珊　邹　丽
　　　　王京娜　李慧蓉　刘宏磊
主　审　吴瑞明

姓名 ______________
专业 ______________
班级 ______________
学号 ______________

机械工业出版社

本教材有针对性地介绍了有关职业核心能力的基础训练方法，通过课堂训练和小组活动等形式，引导学生“学中做、做中学”，从而达到提升学生职业核心能力的教学目标。本教材注重训练，可以帮助教师有效地开展课堂教学活动，充分调动学生学习的积极性，有效地提高学生的沟通与表达、团结与合作、信息处理与解决问题、自我认识与管理等能力，提升学生的职业素养。同时，为了方便教学，本教材还配有电子教案。

本教材可供技工院校、职业技术学校、职业高中的师生使用。

图书在版编目（CIP）数据

职业核心能力基础训练/尹凤霞，范琳主编．—北京：机械工业出版社，2014.8（2021.8 重印）

全国技工院校“十二五”系列规划教材

ISBN 978-7-111-47164-6

Ⅰ．①职… Ⅱ．①尹… ②范… Ⅲ．①职业—能力培养—技工学校—教材 Ⅳ．①G718.1

中国版本图书馆 CIP 数据核字（2014）第 147866 号

机械工业出版社（北京市百万庄大街 22 号 邮政编码 100037）

策划编辑：郎 峰 责任编辑：郎 峰

版式设计：赵颖喆 责任校对：姚丛蓉

封面设计：张 静 责任印制：张 博

涿州市般润文化传播有限公司印刷

2021 年 8 月第 1 版・第 6 次印刷

184mm×260mm・10 印张・216 千字

标准书号：ISBN 978-7-111-47164-6

定价：25.00 元

凡购本书，如有缺页、倒页、脱页，由本社发行部调换

电话服务

服务咨询热线：010-88379833

读者购书热线：010-88379649

网络服务

机 工 官 网：www.cmpbook.com

机 工 官 博：weibo.com/cmp1952

教育服务网：www.cmpedu.com

金 书 网：www.golden-book.com

序

“十二五”期间，加速转变生产方式，调整产业结构，将是我国国民经济和社会发展的重中之重。而要完成这种转变和调整，就必须有一大批高素质的技能型人才作为后盾。根据《国家中长期人才发展规划纲要（2010—2020 年）》的要求，至 2020 年，我国高技能人才占技能劳动者的比例将由 2008 年的 24.4%上升到 28%（目前一些经济发达国家的这个比例已达到 40%）。可以预见，作为高技能人才培养重要组成部分的高级技工教育，在未来的 10 年必将迎来一个高速发展的黄金期。近几年来，各职业院校都在积极开展高级工培养的试点工作，并取得了较好的效果。但由于起步较晚，课程体系、教学模式都还有待完善与提高，教材建设也相对滞后，至今还没有一套适合高级技工教育快速发展需要的成体系、高质量的教材。即使一些专业（工种）有高级工教材也不是很完善，或是内容陈旧、实用性不强，或是形式单一、无法突出高技能人才培养的特色，更没有形成合理的体系。因此，开发一套体系完整、特色鲜明、适合理论实践一体化教学、反映企业最新技术与工艺的高级工教材，就成为高级技工教育亟待解决的课题。

鉴于高级技工教材短缺的现状，机械工业出版社与中国机械工业教育协会从 2010 年 10 月开始，组织相关人员，采用走访、问卷调查、座谈等方式，对全国有代表性的机电行业企业、部分省市的职业院校进行了历时 6 个月的深入调研。对目前企业对高级工的知识、技能要求，各学校高级工教育教学现状、教学和课程改革情况以及对教材的需求等有了比较清晰的认识。在此基础上，他们紧紧依托行业优势，以为企业输送满足其岗位需求的合格人才为最终目标，组织了行业和技能教育方面的专家精心规划了教材书目，对编写内容、编写模式等进行了深入探讨，形成了本系列教材的基本编写框架。为保证教材的编写质量、编写队伍的专业性和权威性，2011 年 5 月，他们面向全国技工院校公开征稿，共收到来自全国 22 个省（直辖市）的 110 多所学校的 600 多份申报材料。在组织专家对作者及教材编写大纲进行了严格评审后，决定首批启动编写机械加工制造类专业、电工电子类专业、汽车检测与维修专业、计算机技术相关专业教材以及部分公共基础课教材等，共计 80 余种。

本系列教材的编写指导思想明确，坚持以达到国家职业技能鉴定标准和就业能力为目标，以各专业的工作内容为主线，以工作任务为引领，由浅入深，循序渐进，精简理论，突出核心技能与实操能力，使理论与实践融为一体，充分体现“教、学、做合一”的教学思想，致力于构建符合当前教学改革方向的，以培养应用型、技术型、创新型人才为目标的教材体系。

本系列教材重点突出了如下三个特色：一是“新”字当头，即体系新、模式新、内容新。体系新是指把教材以学科体系为主转变为以专业技术体系为主，模式新是指把教材传统章节模式转变为以工作过程的项目为主，内容新是指教材充分反映了新材料、新工艺、新技术、新方法。二是注重科学性。教材从体系、模式到内容符合教学规律，符合国内外制造技术水平实际情况。在具体任务和实例的选取上，突出先进性、实用性和典型性，便于组织教学，以提高学生的学习效率。三是体现普适性。由于当前高级工生源既有中职毕业生，又有高中生，各自学制也不同，还要考虑到在职人群，教材内容安排上尽量照顾到了不同的求学者，适用面比较广泛。

此外，本系列教材还配备了电子教学课件，以及相应的习题集，实验、实习教程，现场操作视频等，初步实现教材的立体化。

我相信，本系列教材的出版，对深化职业技术教育改革，提高高级工培养的质量，都会起到积极的作用。在此，我谨向各位作者和所在单位及为这套教材出力的学者表示衷心的感谢。

原机械工业部教育司副司长

中国机械工业教育协会高级顾问

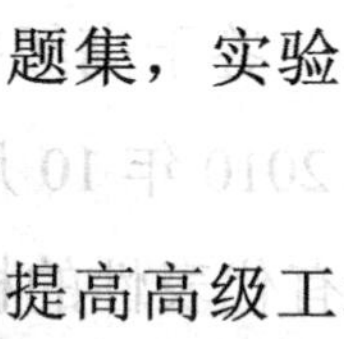

前言

改革开放以来，我国职业教育取得了巨大的发展，在校人数不断攀升，这给职业教育提出了更加艰巨的任务：职业教育如何更具特色，如何真正地、扎实地为国家建设培养更多的技能型人才，如何注重提升劳动者的职业素养和职业能力等。基于对这些问题的思考，我们参照我国职业教育有关 8 项核心能力，即信息收集与处理能力、问题解决能力、数字运算能力、自我提高与自我管理能力、沟通能力、言语表达能力、协作能力、外语应用能力等要求，编写本教材。

本教材分为 7 个单元：单元 1 为自我认识与自我管理，帮助学生了解专业和专业对应岗位的要求，自觉地做好学习规划和职业生涯规划；单元 2 为沟通与表达能力训练，培养学生学会正确地表达个人意愿，学会沟通；单元 3 为团队合作能力训练，培养学生团结与合作的意识，掌握团队活动的基本过程和合作的途径；单元 4 为信息处理能力训练，培养学生掌握市场调查与资料分析和整理的技巧，鼓励学生参与社会实践活动；单元 5 为解决问题的能力训练，帮助学生掌握开展工作的方法和途径，提高解决工作问题的能力；单元 6 为抗压耐挫能力训练，帮助学生掌握压力源分析技巧以及压力应对方法，提高学生抗压能力和耐挫能力；单元 7 为职业意识训练，引导学生积极参与社会实践活动，自觉遵守职业道德规范要求，培养责任与服务意识、工作规范与质量意识、劳动关系与权益保护意识等。各单元内容紧密联系教学实际，通过统一的体例，精心设计了“案例分享”“知识视窗”“课堂训练”“小组活动”“思考题”等教学环节，操作性、趣味性极强，促使学生“学中做、做中学”，有效地提升了学生的职业核心能力。本教材可供技工院校、职业技术学校、职业高中的师生使用。

本教材由尹凤霞、范琳主编，刘彩玲、欧小球、霍廷菊、刘议文、陈玲、姚维杰、黄晓珊、邹丽、王京娜、李慧蓉、刘宏磊参加编写，吴瑞明主审。

由于编写时间紧张，作者水平有限，书中难免存在不足之处，敬请广大读者提出宝贵意见，以期不断完善。

编者

目录

单元1　自我认识与自我管理

1

模块1 走进专业

案例分享

“航天数控英才”苗俭

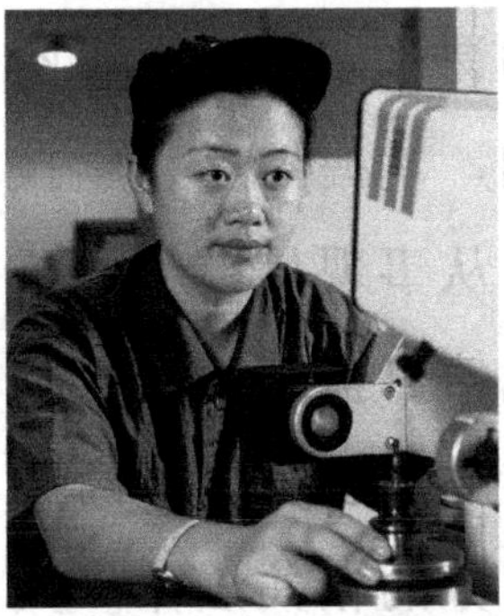

“航天数控英才”苗俭，中国高技能人才楷模。1992年，16岁的苗俭被上海市劳动局第二技工学校录取。当她看到“铣工班”三个字的时候，感到一头雾水，听到别人说女孩子学不好铣工专业，无法取得优异成绩，她开始迷茫了，学习的情绪受到很大的影响。后来，苗俭的一位女老师教导苗俭：“只有没出息的人，没有没出息的专业，只要好好学习，不管男生还是女生，都能在技校学到真本领，都会成为有出息的人。”从此，苗俭主动学习，积极参与专业实践，渐渐地喜欢上了铣工专业，并在毕业时取得了车工、铣工、数控加工三个工种的技术等级证书。兴趣和执著、勤奋与坚持成就了这位“航天数控英才”。

知识视窗

一、专业培养的内涵

所谓专业，是指高等院校或者职业类学校根据学科的分类或生产部门的分工把学业分成各种门类。这些专业的设置与国家产业、职业的分类相适应，符合国家对教育人才的培养规格，具有现实性、前瞻性。

国家产业是国家经济部门按照国民经济产业结构进行划分的，通常分为三大产业，即第一产业、第二产业和第三产业。第一产业是农、牧、渔、林业和水利业，是衣食的主要来源，属于人类生存之本；第二产业是工业和建筑业，是国民经济的命脉；第三产业是除第一产业、第二产业外的所有行业，又称作服务行业，是拥有一定的物质技术设备，为生活和生产服务的各种行业的总称。第三产业虽然不直接参与物资生产，但它可以促进整个社会经济的发展，具体分为四个层次：第一个层次是流通部门，包括商业、饮食业、交通通信业、物质供销和仓储业；第二个层次是为生活和生产服务的部门，包括金融、保险、房地产、物业及旅游等行业；第三个层次是为提高科学技术水平和居民素质服务的部门，包括科教、传媒、文化、卫生体育等行业；第四个层次是为社会公共需要服务的部门，包括咨询、法律、社会福利等行业。

每个专业都有自己特定的培养目标，相应设置相关的课程。例如电子商务专业的培养目标是培养具有扎实的经济与管理理论基础，掌握信息科学技术与手段，具备使用现代信息技术开展商务活动的能力，从事现代电子商务运作与管理的高素质复合型人才。要求学生系统掌握现代信息技术、经济管理理论与方法、现代商贸理论与实务、网络营销理论与实务，以及电子商务系统的分析、设计、实现和评价的技术，了解从事电子商务的相关法律，具有高度的竞争意识、创新能力和较强的电子商务应用能力。为了达到这个培养目标，必须设置与其对应的课程，如经济学、管理学原理、网络经济学、计算机网络与组网技术、电子商务概论、电子商务网站建设、网络营销学、电子商务物流管理、网络银行与电子支付、电子商务安全、电子商务系统分析与设计、电子商务法律、面向对象的程序设计、数据库原理与应用等。

再如，你选择就读机械设计制造及自动化专业，那你将可能成为具备机械设计及制造的基础知识与应用能力，能在工业生产第一线从事机械工程领域内的设计、制造、科技开发、应用研究、运行管理和经营销售等方面工作的高级工程技术人才。为了实现这个目标，你需要认真学习该专业的主要课程，如工程力学、机械设计、机械原理、电工与电子技术、微机原理及接口技术、工程材料及成型技术基础、机械制造技术、现代测试技术、机械 CAD 技术、机电传动与控制、计算机控制技术等。

具体而言，所有专业的培养有以下作用。

1．提高职业能力

一个专业对应一个职业群，职业群分为横向发展和纵向发展两类。例如，经过专业培养，一个电子商务专业毕业的学生如果选择横向发展，就可以去做网站开发、网络管理、网络销售、网络推广等方面的工作，也可以根据个人的特长，选择行政助理、文员、业务员等方面的工作；如果选择纵向发展的职业群，就可以选择电子商务员、助理电子商务师、电子商务师、高级电子商务师等工作。再如，机械制造及自动化专业的毕业生横向发展的职业群是，到相关的科研院所、大中型企业、公司、中高等院校从事机电产品的现代化设计、制造、控制及经营、管理和教学方面的工作；纵向发展职业群是，晋升为专业或与专业相关的中高级技术人员或者管理人员。

专业培养是提高个人职业能力的职业途径，更是学生职业发展必不可少的途径，因此，学好专业知识和专业技能是我们顺利就业的必备条件。

2．培养职业素质

职业素质是指劳动者在一定的生理和心理条件的基础上，通过教育、劳动实践和自我修养等途径而形成和发展起来的，在职业活动中发挥重要作用的内在基本品质。因此，专业培养不仅仅停留在理论知识和专业技能两个方面的内容，还需要加强思想政治素质、职业道德素质、科学文化素质、身体素质和心理素质等方面的培养。在专业培养过程中，除了专业课程外，各学校还设置了其他必要的课程来促进学生全面发展，最终实现德、智、体、美、劳全面发展的人才培养目标。

想一想

你需要获得哪些理论知识和专业技能？需要参加哪些培训？

二、职业群的概念

1. 职业群的含义

职业群一般由基本操作技能相通，工作内容、社会作用以及从业者所应该具备的素质相近的若干个职业所构成。职业群横向划分，指相同的职业存在于不同的产业或者行业当中，如计算机专业所对应的职业群广泛分布在国民经济的各个产业和行业中；职业群纵向划分，指同一职业存在于同一行业若干个不同的岗位及其可能晋升的职务上。例如保安专业所对应的职业群有：押运业务保安、巡逻业务保安、场所业务保安、守护业务保安、消防业务保安等。作为即将走入社会的在校学生，要熟悉与自己所学专业对应的职业或职业群，关心这些职业或职业群的变化情况。这对我们做出最佳的职业选择很有帮助。

2. 职业群的职业要求

不同的职业群所需要的职业能力不尽相同，了解自己所学专业相关的职业群对职业能力的要求是学好专业知识和技能的基础。在校期间，你需要了解各个年级开设的课程，与专业对应的相关资格证书有哪些，哪个学期需要考取什么资格证书等。你还需要对本专业的知识结构有一个全面的认识。了解所学专业对应的职业群中有哪些岗位，哪些岗位适合自己，这些岗位对职业能力和职业素质有哪些具体的要求，这些岗位需要具备哪些专业技能，需要哪些资格证书。

你可以通过学校就业信息，通过媒体等手段，了解自己将来可以具体从事哪些岗位工作，工作的环境和过程如何，工作的义务和责任怎样等。了解这些情况以后，你对自己所学专业就有了一个全面的认识，也为三年或四年的校园学习和生活确定了具体的奋斗目标。有了明确的奋斗目标，自然就增强了学习的动力，也就更容易减小自身能力与目标之间存在的差距，促使自己接近或完全达到有关要求，尽快进入职业角色中，实现个人的职业理想。

三、国家职业资格证的种类

国家职业资格证的种类繁多，分各行各业。国家职业资格证书由中华人民共和国人力资源和社会保障部印制，而不是受委托的行业协会或部门印制。劳动者报考国家职业资格证书的考试站点必须是经过劳动保障行政部门审批的职业技能鉴定站（点），需要特别注意所发放的证书上是否印有国徽标志，是否盖有中华人民共和国人力资源和社会保障部印章和劳动保障行政部门和职业技能鉴定（指导）中心印章。国家职业资格证书分为五级（初级）、四级（中级）、三级（高级）、二级（技师）、一级（高级技师）五个等级。所有证书可上网查询或到当地发证机关核查。

全国职业资格证书查询网：http://zscx.nvq.net.cn/。

职业资格证书封面

高级职业资格证书

初级职业资格证书

课堂训练

请各学习小组到以下网站了解与所学专业有关的职业岗位，进行结果汇总后向同学们展示汇总结果。

所学专业：　　　　　　　　　　　　　　小组成员：

搜索时间：

网站地址	职业岗位	岗位描述
http://jobs.dayoo.com（广州日报·求职广场）		
http: //gz.ganji.com（赶集网）		
http://www.528.com.cn（528 招聘网）		
http://www.zhaopin.com（智联招聘网）		
http://www.chinahr.com（中华英才网）		
http://www.dayoo.com（大洋网）		
http://www.51 job.com（前程无忧）		
http://58.com（58 同城）		

小组活动

调查你所学专业需要考取哪些对应或者相关的资格证书，时间如何安排，需要学习哪些课程？

所学专业相关证书	时间安排	所学课程
1.		
2.		
3.		
4.		

思考题

1．你认为职业资格证书与专业学历证书有什么区别？

2．专业培养有哪些作用？

3．在校学习期间，你打算如何加强职业能力训练？

模块 2　探寻职业个性

案例分享

秀秀的选择

秀秀学的是计算机应用专业，她的性格外向活泼，在校期间喜欢参加各类社团活动，不过她的专业兴趣却不大，也不清楚自己真正的兴趣在哪里。

技校毕业以后，秀秀来到一家网络公司从事计算机应用工作。工作三个月，她丝毫没有感到工作的乐趣，而且越来越烦，心理压力很大。一想到每天需要面对那台冷冰冰的计算机，她的心情就无法轻松起来。虽然她人际关系不错，同事对她评价蛮好，她的待遇也不错，但每天要接触那台冷冰冰的机器，真是太枯燥、太无聊了。她打算跳槽，可是到底换个什么样的工作呢？她一筹莫展，只好求助学校里的职业指导老师。

秀秀性格外向活泼，对计算机的兴趣不大。工作三个月属于工作适应时期，在这个时期很容易出现不稳定状况。可以说刚参加工作的年轻人，很容易出现这种不稳定的状态，虽然对眼前的工作不满意，但也弄不清楚自己的兴趣何在。经过交谈，职业指导老师给秀秀以下建议。

1）向上司提出要求，安排她在一个同事多一点的办公室，方便秀秀与人沟通。

2）工作一段时间后，起身活动一下，并逐渐将连续工作的时间延长，渐渐减少工作中起身活动的次数。

3）在自己使用的计算机中存入一些自己喜爱的东西，并为自己的计算机起一个昵称，逐步消除与计算机的距离。

4）每当心烦的时候，多想想一些愉快的事情，提高个人认知水平。

经过一段时间的调整，秀秀能够稳定情绪，踏实工作了。

知识视窗

一、职业兴趣的内涵

兴趣是一个人积极探究某种事物的心理倾向。职业兴趣是一个人探究某种职业或者从事某种职业活动所表现出来的特殊个性倾向，它是个人对某种职业给予优先的注意，具有向往的情感。兴趣是最好的老师，一个人能够从事自己所喜爱的职业，是很幸福的一件事情。职业兴趣深深影响着一个人的职业活动。如何培养职业兴趣呢？需要做到以下几点。

1. 培养广泛的兴趣

一个具有广泛兴趣的人，往往比较自信，眼界开阔，面临职业选择的时候，所受到的限制往往比较小。一个具有多方面的职业兴趣的人需要转换工作岗位时，能够很快地进入新角色，适应新环境，胜任新工作。鲁迅先生所学专业是医学，但当他看到祖国人民受到欺压时，毅然弃医从文，成为我国现代文学巨匠。鲁迅先生成功转行，跟他从小喜欢文学、哲学等人文科学是分不开的。

因此，在校期间，我们注重专业学习的同时，还应该主动培养其他方面的兴趣，包括文艺、体育、人文科学等，积极参与学校组织的第二课堂活动，参加社团和班集体活动等，培养个人多方面的兴趣与爱好。

2. 努力形成核心的兴趣

多方面的能力往往是在培养多方面的兴趣，多参与、多实践的基础上逐步形成的。兴趣广泛固然很好，但如果一味追求广泛，凡事蜻蜓点水，没有核心，便显得浮躁，很不踏实。因此，年轻的时候尽量在培养广泛兴趣的基础上，逐步形成核心的兴趣。应把自己的兴趣逐步整合起来，形成一个核心，保证学有所长，形成自己的发展方向，拥有自己的专业知识和专业技能。

3. 保持稳定的职业兴趣

形成核心的兴趣以后，还应该促使自己保持这种兴趣，千万不要朝三暮四、见异思迁。目前，有的刚参加工作的毕业生，就业心态比较浮躁，对工作总是抱着三分钟的热度，变成“跳槽一族”。常言道：“干一行，爱一行”，可是他们却“干哪行，烦哪行”，时间一长就会产生厌倦情绪。有的人毕业参加工作两个月，却已经换了几份工作。诚然，职业人需要选择符合自己兴趣的工作，但是坚持个人的选择，为自己的选择负责任，努力承受工作中的苦和累，勇于面对那些自己不喜欢的方面，是成就事业的必要因素。

保持稳定的兴趣，有利于我们专注自己的本职工作，发挥自身潜能，最终实现个人职业上的成功。

4．培养切实的职业兴趣

职业兴趣是完全可以培养的。如果有了自己的职业兴趣，就应该努力让这种兴趣得到持续发展。但如果由于自己的兴趣有限，或者由于各种主观、客观方面的原因，致使无法如愿以偿地从事自己理想的职业，那也不应该自怨自艾、自暴自弃，致使自己一生无所获。对这种情况可以通过多种途径和方法，发展和培养对所从事职业的兴趣，促使这种兴趣发展成志趣，最终挖掘出自身的内在动力，实现个人职业的成功。

能够从事自己感兴趣的职业，那是快乐而幸运的事情。如果能够把自己原本没有兴趣的工作做好，那是一件了不起的事情。一个平凡的人，每天坚持做着平凡的事情，就会成就不平凡的事业。

二、职业性格的内涵

1．职业性格的概念

职业性格是指人们在长期特定的职业生活中所形成的与职业相联系的、稳定的心理特征。例如，一个人对待工作总是一丝不苟、踏实认真，在待人处事中总是表现出高度的原则性且果断、活泼、负责，在对待自己的态度上总是表现为谦虚、自信、严于律己等，所有这些特征的总和就是这个人的职业性格。

各种职业的社会责任、工作性质、工作内容、工作方式方法的不同，决定了它对从业者性格的不同要求。医生要求有救死扶伤的人道主义品质，有一丝不苟的工作态度，有高度的责任感；技术工人要求勤劳、勇敢、技术过硬；会计要求严谨、细致认真等。

人的性格不一样，才干、需求和偏好也会不一样，所从事的工作和外在的表现自然也就千差万别。因此，如果我们的工作与自己的性格特色、特点不匹配，那么在工作上就很难做到得心应手。有的人严谨、细致、肯钻研，对财务、编辑程序和整理数据等工作往往容易适应；有的人对协调人际关很有能力和耐心，从事人事部门工作很合适；还有的人热衷于市场推广且善于交流，适合从事市场营销以及客户服务等方面的工作。

2．职业性格的类型

选择职业是个永久的话题，无论时间如何流逝，除重大事件的影响以外，每个人一直保留着那个“真实的自我”，保持着基本特点的稳定性。一般地，一个人所表现出来的职业性格有如下几种类型。

职业性格类型	性格表现	适应职业
传统型	1．偏好规范、有序、清楚明确的活动 2．顺从、高效、实际、缺乏想象力、缺乏灵活性 3．习惯选择与组织机构、文件档案和日程表之类的东西打交道的工作	办公室职员、图书管理员、税务员、统计员、出纳员、秘书以及打字员、校对人员等
研究型	1．偏好需要思考、组织和理解的活动 2．分析、创造、好奇、独立 3．习惯选择科学研究和实验工作	气象学者，天文学者，地质学者以及物理学、生物学、化学、数学、航天等学科的科学工作者
艺术型	1．偏好需要创造性表达的模糊且无规则可循的活动 2．富于想象力、无序、理想主义、情绪化、不实际 3．习惯选择艺术创作、表演、设计等类型的工作	广告与室内设计和装饰人员，诗人，作家，演员，记者，音乐创作与制作人员，书画、雕塑、舞蹈、摄影等各类艺术工作者
社会型	1．偏好能够帮助和提高别人的活动 2．社会活动能力强、友好、善于合作 3．适合从事与人打交道和为人办事的工作，即教育人、医治人、帮助人、服务人的工作	教师、医生、护士、律师、服务员、公关人员以及社团工作者和社会活动家等

（续）

职业性格类型	性 格 表 现	适 应 职 业
企业型	1．偏好能够影响他人和获得权力的活动 2．自信、进取、精力充沛、盛气凌人 3．适合选择管理、决策等方面的工作	国家机关及机构负责人、党团干部、经理、厂长、推销员以及宣传员、推广员等工作
现实型	1．偏好技能、力量、协调性的体力活动 2．害羞、真诚、持久、稳定、顺从、实际 3．适应从事那些熟练的手工工作和技术工作	制图员、绘图员、司机、电工、车工、铣工、机械工、运输工、木工、修理工等

英国著名诗人济慈本来是学医的，后来他发现自己有写诗的才华，就当机立断，用自己的整个生命去写诗。他虽不幸只活了二十几岁，却为人类留下了大量不朽的诗篇。马克思年轻时曾想做一个诗人，也努力写过一些诗。但他很快就发现自己的长处其实不在这里，便毅然放弃做诗人的念头，转到社会科学的研究上面去了。

想一想

如果他们两个人没有认识到自己的性格特点，情况最终会怎样呢？

结果可能是，英国至多不过增加一位不太高明的外科医生，德国至多不过增加一位蹩脚的诗人。因此，只有真正了解自己的性格，才能客观地做出判断和选择，并知道如何利用自己的性格优势，如何改善自己的性格短处。一个人只有了解自己的性格，才能够从失败中总结教训，进而不断地检讨自我、改善自我，最终能够更准确地把握自我。

一般来说，性格外向，行动迅速、果断，反应灵活，情感丰富易兴奋的人，极易适应环境，但注意力不稳定，兴趣易转移。他们不适宜从事机械性的工作和要求细致的工作，如打字员、校对员、检查员、化验员、数据登记人员、文字排版人员、机要秘书等。一个性格内向、行动缓慢、相对刻板而不灵活、情感细腻、做事谨慎小心、观察力敏锐的人，不太适从事那些需要较强语言表达能力的职业，如管理、销售、导游、外交、指挥、记者等。简而言之，外向性格的人，在需要手部动作灵活、语言反应迅速、判断快速果断的工作岗位上，比内向性格的人更具有相对的优势，而在需要精细、认真、持久的工作岗位上，性格内向的人又更适合一些。

3．了解自己的职业性格

在做职业选择的时候，应该充分了解自己的性格特征。那么，如何了解自己的性格特征呢？

首先，需要不断地反思自己一直保留着的那个“真实的自我”，最终寻找一份适合自己的职业和岗位。你需要明确自己是谁？要去哪里？如何去？例如，在准备学做会计之前，你是否思考以下这些问题？

①我为什么要做会计？

②我是否具备当会计的条件？

③我的性格特点是否适合当会计？

④我的最大障碍是什么？

⑤我的最大优势是什么？

其次，采用“360度评估法”全面了解自己。即通过与人沟通，如老师、家人、同学，特别是那些已经参加工作的师兄、师姐们，这些人对你了解较多，对你即将从事的职业也比较了解，往往能够给予很好的建议。

再次，可以利用职业测评等方式，了解自己的职业个性。如果学校没有提供这些测评方法，可以到一些求职网站或者专门提供职业测评的网站上寻求帮助，借助正规的、科学的测量工具，确切地了解自己。

4．职业性格调适

每个人的职业性格不是天生不变的，而且职业性格没有好坏区分，我们可以培养并完善自己的职业性格。以下介绍一些途径和方法。

（1）**逐步完善自己的职业认知** 性格是一个人的职业素质中最核心、最具稳定性的内容，但每个人的职业性格都处在一个不断发展变化的过程中。如果对自己所向往的职业有一个全面、深刻的认知，就会主动了解该职业对从业者的性格及其他要求，并且积极主动地调适自己的性格，以适应职业的要求。可以说，调适个人性格适应职业要求，也是取得职业成功的必要条件。

在学习专业知识的同时，应该深入了解专业对应的职业对从业者的性格要求，努力发扬、巩固那些与职业要求相适应的性格特征，主动调适、完善那些跟职业要求不一致的性格特征，最终让自己的性格特征与职业要求达到高度统一，取得成功，实现个人的社会价值。

（2）**向榜样和前辈学习** 每位从业者身边都有很多榜样和前辈，如父母、亲友、校友、同行业中的一些先进人物。在这些人当中，有的人所学专业与个人从事的职业群一致，他们的性格特征与职业要求基本相符；有的人原有的性格特征与后来所从事的职业不一致，但经过不断地调适和完善自己的性格，最终适应了职业的要求，取得成功；有的人原以为自己的性格不适合从事某职业，但经过职业实践，发现自己的性格与该职业比较一致，从而热爱工作，取得了职业成功。从业者可以从他们身上获得经验性的知识，以加深、完善自己对职业的认知，促使自己自觉完善个人性格。

（3）**加强职业实践，提高职业素养** 参与职业实践，是获得职业认知的最直接、最有效的途径。我们在学习期间，应该注重个人的专业实践，积极参与专业活动，还应该寻找一些社会实践机会，了解自己所学专业相关职业群对从业者性格方面的要求，通过实践不断调适和完善自己的性格，为将来走上工作岗位做好充分的准备。

全国劳动模范黄德智，广东鹤山人，1998～2001年就读于广州番禺职业技术学院模具设计与制造专业。大学二年级时，学校开设Mastercam课程，当时这项技术刚流行，学习资料不多，黄德智此前从未接触过电脑，但他深知掌握这项技术的重要性，他极其珍惜每一次上机实操的机会，跟同学们一起互帮互助，探究钻研问题，熟练掌握了软件的操作技能。在学习和实践中，黄德智逐渐养成了认真扎实、刻苦钻研的性格，这种珍贵的性格成就了他后来的辉煌事业。

课堂训练

仔细阅读以下资料之后，在全班范围内寻找第一选择跟你一样的同学，临时组成小组讨论，尝试用几个关键词描述你们共同的兴趣。了解其他组同学的选择，进行讨论并分享，帮助你了解个人的职业兴趣。

以下是六个岛屿的描述，看准了！哪个岛是你最想去的？哪个岛是你最不喜欢、最不想去的？

①R 岛：自然原始的岛屿。岛上保留有热带的原始植物，自然生态保持得很好，也有相当规模的动物园、植物园、水族馆。岛上居民以手工见长，自己种植花果蔬菜、修缮房屋、打造器物、制作工具，过着质朴简单的生活。

②I 岛：深思冥想的岛屿。岛上人迹较少，建筑物多僻处一隅，平畴绿野，适合夜观星象。岛上有多处天文馆、科博馆以及科学图书馆等。岛上居民都喜好沉思、追求真知，喜欢和来自各地的哲学家、科学家、心理学家交换心得。

③A 岛：美丽浪漫的岛屿。岛上充满了美术馆、音乐厅，弥漫着浓厚的艺术文化气息。同时，当地的原住居民还保留了传统的舞蹈、音乐与绘画，许多文艺界的朋友都喜欢来这里找寻灵感。

④S 岛：温暖友善的岛屿。岛上居民个性温和、十分友善、乐于助人，社区均自成一个密切互动的服务网络，人们多互助合作，重视教育，弦歌不辍，充满人文气息。

⑤E 岛：显赫富庶的岛屿。岛上的居民热情豪爽，善于企业经营和贸易。岛上的经济高度发展，处处是高级饭店、俱乐部、高尔夫球场。来往者多是企业家、经理人、政治家、律师等，衣香鬓影，夜夜笙歌。

⑥C 岛：现代、井然的岛屿。岛上建筑十分现代化，是进步的都市形态，以完善的户政管理、地政管理、金融管理见长。岛民个性冷静保守，处事有条不紊，善于组织规划。

选择最想去和最不想去的两个岛屿体现了你最喜欢（也最可能做得好）和

最不喜欢的职业活动类型。通过对照每个岛屿代表的职业兴趣，可以重新观察自己所喜欢和不喜欢的职业内容，帮助自己在职业定位的时候更清晰自己的方向。

①选择R岛的人：实用型（Realistic）。

喜欢的事情：愿意从事事务性的工作，喜欢户外活动或操作机器，而不喜欢在办公室工作。

喜欢的职业：制造业、渔业、野外生活管理业、技术贸易业、机械业、农业、林业等行业的技术人员。

②选择I岛的人：研究型（Investigative）。

喜欢的事情：处理信息（观点、理论），喜欢探索和理解、研究那些需要分析、思考的抽象问题，喜欢独立工作。

喜欢的职业：实验室工作人员、生物学家、化学家、社会学家、工程师、物理学家和程序设计员。

③选择A岛的人：艺术型（Artistic）。

喜欢的事情：创造，喜欢自我表达，喜欢写作、音乐、艺术和戏剧。

喜欢的职业：作家、艺术家、音乐家、诗人、漫画家、演员、戏剧导演、作曲家、乐队指挥和室内装潢人员。

④选择S岛的人：社会型（Social）。

喜欢的事情：帮助别人，喜欢与人合作，热情关心他人的幸福，愿意帮助别人解决困难。

喜欢的职业：教师、社会工作者、牧师、心理咨询员、服务性行业人员。

⑤选择E岛的人：企业型（Enterprising）。

喜欢的事情：喜欢领导和影响别人，或为了达到个人或组织的目的而善于说服别人。希望成就一番事业。

喜欢的职业：商业管理、律师、营销员、市场或销售经理、公关员、采购员、投资商、电视制片人和保险代理。

⑥选择C岛的人：常规型（Conventional）。

喜欢的事情：组织和处理数据，喜欢固定的、有秩序的工作或活动，希望确切地知道工作的要求和标准。愿意在一个大的机构中处于从属地位。

喜欢的职业：会计师、银行出纳、簿记、行政助理、秘书、档案文书、税务专家和计算机操作员。

小组活动

1．请同学们现场采访同学和老师，并利用业余时间完成下表。

360 度评估法

	优　点	缺　点
自我评价		
家人评价		
老师评价		
亲密朋友评价		
同学评价		
其他社会关系评价		

请你综合以上意见，描述个人的性格：

____

____

2．请你结合自己平时的了解和经验，分组交流所学专业相关职业群对性格的要求，并针对个人性格，做出职业性格调适、培养的计划，完成下列表格。

（1）专业对应横向职业群

横向职业群	职业性格要求	个 人 性 格	性格调适、培养计划
第一职业群			
第二职业群			
第三职业群			

（2）专业对应纵向职业群

纵向职业群	职业性格要求	个 人 性 格	性格调适、培养计划
第一职业群			
第二职业群			
第三职业群			

根据以上情况，请相同职业群的同学在一个小组，完成并寻找机会向全班同学展示“自我完善措施小组汇总表”。

自我完善措施小组汇总表

1．小组名称（请给小组取一个最具职业特点的名称）
2．职业要求（职业群对职业性格、职业能力、职业素质等方面的要求）
3．与职业要求的差距（小组成员普遍存在的差距） 性格差距： 能力差距：
4．完善自我的措施

思考题

1. 你的职业兴趣是什么？是怎样形成的？

___

___

___

2. 你的职业性格属于哪一类？有哪些特点？

___

___

___

3. 你打算通过哪些途径调适自己的职业性格？

___

___

___

模块 3　设计职业生涯

案例分享

小惠的选择

小惠学的是会计专业，第一学期做职业生涯设计的时候，她就做好了职业生涯设计的修正方案。她计划如果她适合做会计工作，就会继续深造并取得助理会计资格，进而再努力取得会计师、注册会计师资格；但如果认为自己不喜欢或不适合做会计，她会在参加工作一年内进行改变，准备从事贸易跟单工作。在学校的时候，她在获得会计上岗资格证书后，也考取了贸易跟单员资格证书。

毕业后小惠在一家科教用品生产公司工作了三个月，受到老板的欣赏，同事们的喜爱。她本人对会计工作还算满意，如果努力工作，她认为自己可以在两年内取得不错的成绩，担任会计主管职务。然而，从长远来看，小惠感到自己并不十分喜欢做会计工作，她想趁年轻再找一份自己钟爱的、稳定的工作。经过认真思考，小惠选择了贸易跟单员工作，由于她已经考取相关证书，很快取得面试机会，并顺利地实现了转行。

知识视窗

一、职业生涯设计的意义

从我们上小学的时候，老师就教导我们做一个有理想的人，鼓励我们设计远大的人生目标，我们在埋头读书中一天天长大，期间也萌生过这样或者那样的愿望，然而又有多少人真正懂得目标的意义呢？请看下面的跟踪调查情况，大家就能清楚地知道，目标的有无差别有多大。

哈佛大学有一个非常著名的关于目标对人生影响的跟踪调查。调查对象是一群智力、学历、环境等条件都差不多的年轻人，调查结果是这样的：

3%的人有清晰且长期的目标，25 年来他们从未改变过目标，总是朝着一个方向不懈地努力，25 年后，他们几乎都成为了社会各界的顶尖成功人士，他们中不乏创业者、行业领袖、社会精英。

10%的人有清晰的短期目标，这些人大都生活在社会的中上层。他们的共同特点是：不断完成预定的短期目标，生活状态步步上升，25 年后，他们成为各行各业不可或缺的专业人士，如医生、律师、工程师、高级主管等。

60%的人目标模糊，他们能安稳地生活与工作，但都没有什么特别的成绩。

剩下的 27%，是那些 25 年来都没有目标的人群，他们几乎都生活在社会的最底层。他们的生活过得很不如意，常常失业，靠社会救济，并且常常都在抱怨他人，抱怨社会，抱怨世界。

调查者得出结论：目标对人生有巨大的导向性作用。

无独有偶，在美国一本名为《无限的能力》的畅销书中，提到这样一个例子：1953 年有人对耶鲁大学应届毕业生进行了一份问卷调查：“你毕业后的目标是什么？”统计结果有 3%的学生有明确的目标，97%的学生基本上没有明确目标。20 年以后，有人去追踪所有参加了问卷学生的现状，结论使他十分吃惊，3%的人拥有财富的总和比 97%的人拥有的财富总和还多得多。20 年前仅是目标的有和无，20 年后却形成了如此大的差异。

加拿大幽默大师史蒂芬·利柯库曾说，人生的进程实在很奇妙，孩童时常说：如果，我长大了，要如何、如何……；到了少年期则说：如果我会赚钱的话，要如何、如何……；成年之后又说：我结婚以后要如何、如何……，结婚以后呢?只有再延续下去，等我退休以后……；他终于退休了。当他回顾过去的景致时，只觉得一片朦朦胧胧，像冷风吹过，犹如轻烟弥漫一般，根本看不到他当初所界定的东西，待他领悟人生其实就是当日当时的生活连续的时候，他距离永远地离开这个世界的日子已经为期不远了。

想一想

你希望就此虚度一生吗？你的人生该怎样度过呢？

二、职业生涯设计的策略

有效的职业生涯设计需要有确实可行的生涯策略。有效策略大致分为以下三类。

1．一步到位型的设计

针对现有的条件，确立可以达成的职业目标，动用现有资源很快能够实现目标。例如希望成为一名机电技师，根据一步到位策略，可直接进入机电方面的企业工作，紧紧咬住自己的目标，不断努力进取。

2．多步趋近型的设计

对于那些目前无法实现的目标，先选择一个与目标相对接近的职业，然后逐步趋近，以达成自己的理想目标。例如，想做企业老板，但目前没有足够的资本和经验，怎么办呢？可以先给别人打工，积累资源和经验。

3．从业期待型的设计

在自己无法实现理想目标，也没有相近的职业可以选择的情况下，先选择一个职业投入工作，也就是找到一个切入点，等待机会，最终实现自己的理想目标。例如，自己想去外企发展，但由于技术和经验达不到外企的要求，或者英语水平不达标，这时可先进入一家民营企业学习技术、积累经验，再利用业余时间学习英语，努力提高自己的英语水平，等达到外企的要求后再寻求发展机会。

三、职业生涯设计过程

职业生涯设计的一般过程如下。

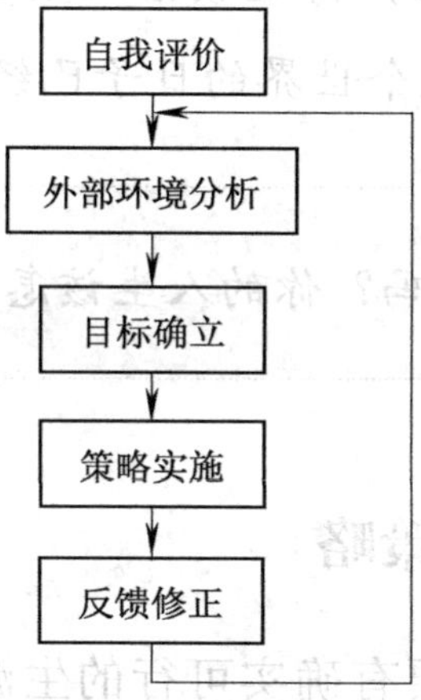

1．自我评价

职业生涯设计的第一步，首先是正确认识自己。但由于同学们还年轻，缺乏经验，对自己的职业兴趣、职业性格以及职业能力等特征了解不多，在自我评价这个环节，往往会出现以下困惑：

①我不知道自己想干什么。

②我不知道自己适合干什么。

③我不知道自己能干什么。

回答以上几个问题需要认真思考，借助一些方法和途径。这里给大家介绍另一种非常实用的方法——橱窗分析法。

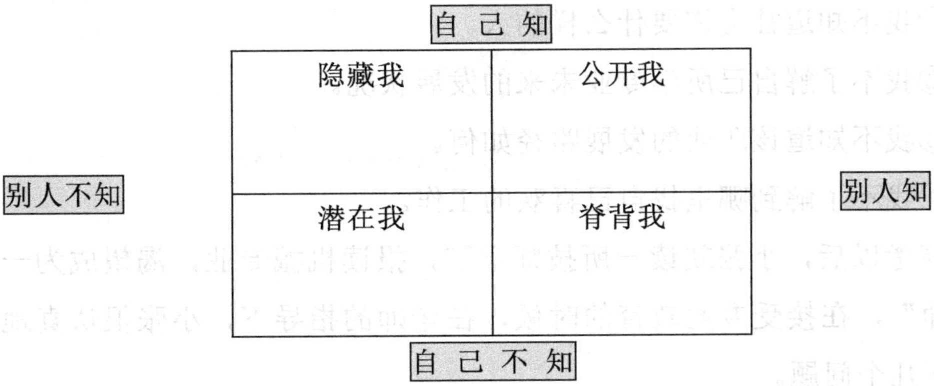

以上表格就是橱窗分析法，它把对每一个人的了解比作一个橱窗，由四个“我”组成：“公开我”、“隐藏我”、“潜在我”及“脊背我”。

“公开我”：自己知道、别人也知道的部分，其特点是个人展现在外，无所隐藏，如身高、年龄、体重、受教育状况等。

“隐藏我”：自己知道、别人不知道的部分，其特点是属于个人私有秘密，不外显。例如自私、嫉妒等平常自己不愿袒露的缺点，以及心中的愿望、理想、暗恋的情感等不敢告诉别人的部分。

“潜在我”：自己不知道、别人也不知道的部分，其特点是开发潜力巨大，但通常别人和自己都不容易发觉。我们可以通过人才测评来发现自己平时注意不到的潜力，也可以在学习和生活过程中，多做尝试来发现自己的潜力。

“脊背我”：自己不知道、别人知道的部分，其特点是自己看不到，别人却看得清清楚楚。例如自己的某些缺点或者优点、不经意的肢体动作、他人的评价等。这部分的自我，可以采取同自己的家人、朋友等交流的方式，或借助录音、录像设备来了解。当然要尽量开诚布公，对别人提出的意见有则改之，无则加勉。

在使用橱窗分析法进行自我剖析时，重点要了解“潜在我”和“脊背我”两个部分，这样才可以发现自我潜能，不断提升自我。

2. 了解职业要求

了解自己很重要，但仅仅了解自己还远远不够，还应该更加细致、全面地了解自己从事的职业。很多同学在做职业生涯规划时并没有认真接触目标行业、目标职业和目标岗位，虽然有了职业生涯设计，但依然很迷茫。

①我不知道社会需要什么样的人。

②我不了解自己所学专业未来的发展状况。

③我不知道该职业的发展路径如何。

④我不了解到哪里找自己喜欢的工作。

高考以后，小张就读一所技师学院，报读机械专业，渴望成为一名“机械技师”，在接受专业教育的时候，在老师的指导下，小张很认真地弄清楚了以下几个问题。

①机械技师的职业性格和职业能力要求是怎么样的。

②在校学习期间，需要掌握哪些课程和哪些技能。

③如何获得更多的实践机会。

④需要参加哪些培训、学习、考核才能够最终获得技师资格。

⑤需要排除哪些来自内部和外部的障碍。

⑥机械技师应具有怎样的经验水平和年龄层次。怎样做才能符合这个范围。

基于细致的了解和精心计划，小张带着目标学习，他除了在学校实习工厂认真训练外，还利用节假日到企业参加社会实践，逐步接近自己的目标。

可以说，对自己将来所接触的行业、职业、岗位了解得越全面、深入，职业生涯设计也就越合理，越具有指导意义。有了这方面的了解，可以采取 SWOT 分析法，从个体内在、外部环境两个方面，分析个人的优势与不足、外部环境存在的机遇和潜在的挑战。

3. 运用职业生涯选择平衡单

“条条大路通罗马”，当你知己知彼以后，会发现自己有数个方向可以发展，如何做抉择呢？你可以使用职业生涯选择平衡单，试着用给“分数”的方法帮助你做决定。将每个选择的得失利弊用分数的高低来表示，这种选择方式称为“职业生涯选择平衡单法”，见下表。

职业生涯选择平衡单（原始分数）

姓名：　　　　　　　　　　班级：

专业：　　　　　　　　　　日期：

考 虑 选 项	职业一		职业二		职业三	
	得（+）	失（−）	得（+）	失（−）	得（+）	失（−）
适合个人兴趣						
适合个人性格						
符合个人能力						
符合个人价值观						
环境阻力						
合计						
总分						

你需要客观地依照适合自己的兴趣、性格、能力、价值观、实现职业的环境阻力等因素为自己打分，认为适合自己的用 0～5 的正值，程度越高，分数值越高；认为不适合自己的用−5～0 的负值，程度越高，分数值就越小。

考虑的选项应该根据实际情况和需要的变化而变化。但这个平衡单还只是一个原始分数统计，需要做一些修正。因为每个考虑选项的重要程度并不一样，例如你特别看重职业兴趣，渴望从事自己感兴趣的工作，你可以加大这个选项在总分中的比例，根据选项的重要程度进行加权，重要性越强，系数就越大，加权表如下。

加权后的职业生涯选择平衡单

姓名：　　　　　　　　　　班级：

专业：　　　　　　　　　　日期：

考 虑 选 项（加权范围 1～5 倍）	职业一		职业二		职业三	
	得（+）	失（−）	得（+）	失（−）	得（+）	失（−）
适合个人兴趣（×5）						
适合个人性格（×3）						
符合个人能力（×3）						
符合个人价值观（×3）						
环境阻力（×2）						
合计						
总分						

通过平衡单的计算，你基本上可以确定自己的选择，明确自己的发展方向了。现实生活中，我们还会遇到其他选择，例如择偶，如果不能确定下来，也可以选择这种平衡单的方式，让自己看清楚自己内心真正的需求。

小吴是电子通信专业的学生，但他个人的兴趣在市场营销方面。为了更好地做好规划，小吴在老师的指导下完成了几项任务。首先，他利用节假日进行细致的市场调查。如何做好通信设备售后服务？通信设备市场是否具有开发潜力？手机市场中的主要竞争者有哪些？等；其次，根据调查资料，他与家人、同学、老师充分地讨论，论证了自己的职业方向；再次，小吴在职业指导教师的指导下填写了一张“职业生涯选择平衡单”。

职业生涯选择平衡单（原始分数）

姓名： 班级：

专业： 日期：

考虑选项	电子技术工作		市场营销工作		管理类工作	
	得（+）	失（−）	得（+）	失（−）	得（+）	失（−）
适合个人兴趣		−1	5		5	
适合个人性格		−1	5		5	
符合个人能力		−2	4	−1	2	−3
符合个人价值观	3		3	−2	3	−2
环境阻力		−1	2	−3	1	−4
合计	3	−5	19	−6	16	−9
总分	−2		13		7	

小吴客观地依照适合自己的兴趣、性格、能力、价值观、实现职业的环境阻力等填写了职业生涯选择平衡单。由于小吴特别看重个人兴趣，他渴望从事自己感兴趣的工作，因此他需要加大这个选项在总分中的比例。下面就是小吴加权后的职业生涯选择平衡单。

加权后的职业生涯选择平衡单

姓名：　　　　　　　　　　　　班级：

专业：　　　　　　　　　　　　日期：

考 虑 选 项 （加权范围 1～5 倍）	电子技术工作		市场营销工作		管理类工作	
	得（+）	失（−）	得（+）	失（−）	得（+）	失（−）
适合个人兴趣（×5）		−5	25		25	
适合个人性格（×3）		−3	15		15	
符合个人能力（×3）		−6	12	−3	6	−9
符合个人价值观（×3）	9		9	−6	9	−6
环境阻力（×2）		−2	4	−6	2	−8
合计	9	−16	65	−15	57	−23
总分	−7		50		34	

通过加权后的平衡单，我们可以看到最适合小吴的选择是：首先是市场营销工作，其次是管理类的工作，其次是他个人所学专业对应的电子技术工作。从这个职业选择来看，小吴如果能够从事电子产品销售方面的工作，具有很大的优势。

想一想　如果你现在面临出国、升学、就业这三个发展方向，你将如何利用职业生涯选择平衡单为自己做抉择呢？

4. 制定具体的行动措施

通过职业生涯选择平衡单选择了一个基本的方向后，需要给你的目标增加具体的内容。目标包括人生目标、长期目标、中期目标与短期目标，它们分别与人生规划、长期规划、中期规划和短期规划相对应。一般，我们首先要根据自己的专业、性格、气质和价值观以及社会的发展趋势确定自己的人生目标和长期目标，再把人生目标和长期目标进行分化，根据个人的内在和外在的条件，制订出相应的中期目标和短期目标。

（1）**人生目标**　整个职业生涯的目标，时间长至 40 年左右，设定整个人生的发展目标，如成为一个有数亿资产的公司董事。

（2）**长期目标**　5～10 年的目标，主要设定较长远的目标，如 30 岁时成为一家中型公司的部门经理，40 岁时成为一家大型公司副总经理等。

（3）**中期目标**　一般为2～5年内的目标与任务，如到不同业务部门做经理，并从大型公司部门经理到小公司做总经理等。

（4）**短期目标**　2年以内的目标，主要是确定近期目标，规划近期完成的任务，如对专业知识的学习，2年内掌握哪些业务知识，近期参加哪些学习，获得哪些方面的成绩等。

在确定以上各种类型的职业生涯目标后，就要制订相应的行动方案来实现它们，把目标转化成具体的方案和措施。

确立了职业方向以后，前面案例中的小吴根据自身的情况，给自己的职业目标加入了具体的内容，包括岗位、待遇、技术情况、社会效应、家庭目标等。

确立职业发展时期的具体目标如下。

职业前期（21～26岁）：经过奋斗，成为手机销售主任，供妹妹读书，在城市供楼房。

立业期（26～35岁）：完成大学本科学业，考取高级营销员证书，进入国际性的手机厂家工作或是成为一名手机行业的销售总监。

中期（35～50岁）：尝试开发经营自己的企业，以高科技产品为主要方向。

后期（50～60岁）：主要从事人才培养、企业策划等工作。

为了保证目标的最终实现，他为自己制订相应的、细致的行动方案。以下是他第二学期专业学习的目标与行动方案，可操作性非常强。

第二学期目标	1．熟悉专业操作 2．完成学习任务，有目的地进行实践锻炼 3．期末考出好成绩，取得班级第一名 4．获得学业奖学金一等奖
具体措施	1．五一假期进行社会调查与实习 2．每晚除了上公共选修课时间外，继续参加营销协会活动，提高自己的沟通能力 3．继续学习专业课程，对近一个月的学习工作情况进行小结 4．找期末专业课程设计题材，准备设计方案 5．复习巩固上学期所学专业课程 6．掌握手机市场销售的新动向 7．帮助未完成任务的同学完成任务，并开始着手进行期末总复习，为期末考试做准备

一想想 你是否应该为自己制订一个具体的行动计划？

5．进行目标评估与反馈

个人事业的成败，很大程度上取决于有无正确的目标。但事业发展并非一帆风顺。由于社会环境的巨大变化和一些不确定因素的存在，在具体行动过程中，会使现在的目标与原来制订的职业生涯目标与规划有所偏差，怎么办呢？这时需要对原先的职业生涯设计方案进行认真思考、评估，并做出适当的调整，以更好地满足自身发展和社会发展的需要。对职业生涯设计方案的评估与反馈过程，实际上就是个人对自己不断认识的过程，也是对社会不断认识的过程，是使个人职业生涯设计更加有效的有力手段。

课堂训练

1．请你思考以下问题，并请同学做好记录，以便你了解自己。

（1）Who am I?（**我是谁？**） 对自己进行一次深刻的反思，有一个比较清醒的认识，优点和缺点都应该一一列出来。

（2）What do I want?（**我想干什么？**） 对自己职业发展做一个心理趋向的检查。每个人在不同阶段的兴趣和目标并不完全一致，有时甚至是完全对立的，但随着年龄和经历的增长而逐渐固定，并最终锁定自己的终生目标。

（3）What can I do?（**我能干什么？**） 对自己能力与潜力的全面总结。一个人职业的定位最根本的还要归结于自己的能力，而职业发展空间的大小则取决于自己的潜力。对一个人潜力的了解应该从几个方面着手去认识，如对事的兴趣、做事的耐力、临事的判断力以及知识结构是否全面、是否能及时更新等。

（4）What can support me?（**环境支持或允许我干什么？**） 这种环境支持在客观方面包括本地的各种状态，如经济发展、人事政策、企业制度、职业空间等；主观方面包括同事关系、领导态度、亲戚关系等。两方面的因素应该综合起来考虑。

（5）What can I be in the end?（**我最终的职业目标是什么？**） 明晰了前面四个问题，就可以从各个问题中找到对实现有关职业目标有利和不利的条件，列出不利条件最少的、自己想做而且又能够做的职业目标。那么，第五个问题——“我最终的职业目标是什么？”自然就有了一个清晰明了的框架。

2．请你填写 SWOT 分析表。

外部因素 → 内部因素 ↓	外部机遇：Opportunities	外部挑战：Threats
	O1：	T1：
内部优势：Strengths S1：	优势-机遇：SO	优势-挑战：ST
内部劣势：Weaknesses W1：	劣势-机遇：WO	劣势-挑战：WT

3．请你思考下列问题。

1）你本人的优势能否抵御外界的威胁？如何抵御？

2）你需要发展哪些优势？大概花费多长的时间？

3）你打算怎样利用好自己所拥有的内部资源和外部资源？

4）你打算怎样改进自己的劣势？

4．请你的老师为你提出建议。

建议一：

建议二：

建议三：

小组活动

请按照以下目录或者自选格式制作个人的职业生涯设计（需要借助网络资源，或者学校和其他专业机构有关职业测评的软件）。

职业生涯设计

目　　录

1．自我认知

1.1　职业生涯规划测评

1.2　360 度评估

1.3　自我认知小结

2．职业认知

2.1　外部环境分析

2.2　目标职业分析

2.3　职业素质测评

2.4　SWOT 分析

2.5　职业认知小结

3．职业生涯规划

3.1　确定目标和路径

3.2　制订行动计划

3.3　动态分析调整

3.4　备选规划方案

思考题

1．在学校，你需要掌握了解哪些课程和学习哪些技能？

2．你将如何做好每周、每学期、每年的学习计划？

3．你应该排除哪些来自内部和外部的障碍？

4．你渴望你的人生怎样度过？

单元 2　沟通与表达能力训练

2

模块 1　沟通的重要性

案例分享

害羞的李丽

女孩李丽，非常害羞，自小就不喜欢众人注视她，她感觉到别人的那些目光很可怕。上高中以后，由于李丽踏实肯干，同学、老师推举她为班里的团支书。对她而言，其他事情都好办，她勤勤恳恳去完成，但团支书需要站在同学们的面前宣读一些事情，布置一些任务等。这让李丽十分为难，她说："我并不怀疑自己的工作能力，我只是不喜欢别人注视着我，我很担心自己在大家面前出丑。班主任经常鼓励我勇敢一点，我自己也试过很多次，但最终还是失败了。"

为什么害怕？为什么失败？李丽说："我觉得自己的羞涩可能源于不自信，害怕丢面子。站在众人面前讲话之前，我往往关心的问题是'在大家面前出丑，真是太可怕了。别人会怎么说我呀！那多难堪呀！'想到这些问题，头脑就会一片空白。"

面子真的很重要吗？应该说是重要的。李丽害怕别人盯着她看，不敢正视别人的目光，根源不在别处，源于她自己，她不够自信，害怕别人看到她的弱点或者缺点。我们想一想自己的情况，胆怯是否源于自信心不足？

其实，这些弱点或者缺点别人真的很在意吗？并非如此。但由于李丽自己非常在意，导致她不敢正视别人，人际交流出现障碍。

经过认真思考，李丽觉得有必要逐渐改变自己，并决定付诸实际行动。什么样的行动可以有效地解决李丽的难题呢？认真审视自己，了解自己的缺点和弱点后，她放下了自己的虚荣心："我长得不漂亮，个子不够高，身材一般，家庭经济拮据。可是，我的家人都很善良淳朴，他们都很爱我，我没有任何理由看不起自己啊！"可想而知，当她敢于面对自己的问题的时候，李丽也就释怀了："不善于讲话？没关系呀，平日里，我尽量主动多跟同学们聊天；不漂亮？也没什么呀，又不是我的错，我善良勤快，平日里多为同学们做一些力所能及的事情，觉得很充实；一定要发言的时候怎么办？我事先拟定一个发言提纲，并且多记几遍，每次上台前3～5分钟，闭上眼睛做三次深呼吸，心里暗示自己：'我能行，放松，放松，放松！'站到同学们面前以后，我的目光向前平视或仰视，感到紧张的时候，我依然轻轻地暗示自己：'我能行，放松！'"渐渐地，李丽那专注的目光、柔和的笑容成为她人际交流中非常重要的因素，她受到同学们的喜爱。

知识视窗

一、沟通意识的重要性

沟通意识，是指人自觉、积极、主动沟通的倾向。通过语言等交际手段达到宣传、告知、说服他人的目的，最终目标是让他人行动。职场中，需要通过高效沟通让他人行动，从而创造更高绩效。有位记者在一所培训中心进行采访，她看到一群新进单位的大学生正在接受专门的礼仪培训，学习如何正确坐、立、行走，如何在西式宴会上使用餐具、如何接电话等。负责培训的张老师告诉记者，这是某外企给职场新人上的第一课，原因就是很多大学生刚进单位待人接物很不礼貌，缺乏基本的礼仪知识。张老师指出，基本的社交礼仪看似很简单，但在工作中恰是用得最频繁的，如果职场新人在这个过程中表现得不好，轻则被认为个人素质不高，重则影响到单位的形象和业务，因此建议大家都要好好学习。如最基本的在接听电话时应该说"您好，我是某公司的职员，请问……”而“谢谢”“请”等用语也要常挂嘴上。

北大青鸟产品研发部经理肖睿表示，在他们对6000多家用人企业和5000多个岗位的调研中发现，排在用人企业对员工职业素质要求前六位的分别是协作能力、沟通能力、时间管理能力、适应能力、学习能力、抗压能力。智联招聘编撰的《找到好工作，工作才快乐》一书，归纳有九大职业潜能：语言能力、运算能力、逻辑思维能力、艺术创造能力、空间知觉能力、运动协调能力、人际沟通能力、细节计划能力、宏观思维能力。可见，沟通能力已成为现代从业人员的通用要求。沟通能力强的人，会拥有和谐通畅的人际关系，使工作效率倍增。甚至有企业认为，凡事都可以通过沟通得到解决。

现代社会是一个沟通世界、关系世界，从亲子关系到同学、师生关系，再到以后的同事关系、上下级关系、婚姻关系及其他社会关系，个人在处理这些关系时要不断地学习各种知识、技能、规范，我们的个性才得以按照社会角色的期待被培养，才能具有适应社会、求得生存和发展的能力。

沟通是一种双向的行为模式，有主动参与和被动参与之别。这里所说的沟通意识主要是培养沟通的主动性。人们生活在一个从熟悉到陌生的世界，总是习惯于父母、教师的主动问询。沟通一直处于被动状态的人，不太容易适应社会，也不懂得借助沟通方式来减少适应社会的障碍。主动积极地开展交流沟通，是让别人了解自己、发现自己的有效方式之一。进入企业，在同事或领导面前要善于表达自己的观点，在工作上多与相关人员沟通，可减少失误，正确理解与执行所需承担的任务。善于和他人进行积极主动交流和沟通的人，获得的机会也会比别人多好多。

二、培养人际沟通能力

1. 微笑能力

微笑是人际沟通中一份永恒的介绍信，是善意的象征，它可以使自己和对方明朗活跃起来，对对方产生很大的吸引力；反之，脸色忧郁，刻板阴沉，别人会退避三舍。因而，在人际交往过程中，面带微笑，态度和蔼，语气缓和是十分重要的。

2．倾听能力

有的人以为沟通就是说话，会说话，沟通能力就很强，其实不然。学会做个能耐心且善于倾听别人诉说的听众，对人际交往来说很重要。有些人往往不注意“倾听”，对对方的话不耐心听，从头到尾只说自己的事情，随意打断并插入自己的意见，夸夸其谈，自我陶醉。很明显，这样的行为、这样的人是难以赢得良好的人际关系的。

3．赞美能力

任何人都希望得到他人的认同和赞赏，从而证明自身存在的价值。赞美的话语最能激起别人的自尊心，这也是每个人都追求的，因而在人际沟通中应多给予真诚的称赞与肯定，从而激发与人交往的热诚，获得别人的好感。当然，赞美也得注意方式方法，以免弄巧成拙，特别要防止虚伪的献媚之词。

4．自控调节能力

学会自我调节，运用已知的心理学知识，对人际交往中出现的心理问题进行自我认识、自我矫正，或求助于心理咨询机构和老师，经常保持愉快、满意、开朗的心境，当消极情绪出现时能合情合理地宣泄、排解、转移与升华，经常保持良好的心态，对良好人际关系的建立十分重要。

总结起来，良好的沟通需要记住几句话：面带微笑，善于倾听，口出良言，把控情绪。

课堂训练

分组选择好角色，模拟训练以下沟通情景。

1．模拟与上级沟通的情景

与上级的沟通常用来解决以下问题。

1）我们要做的事情，需要得到您的认可、支持。

2）您提出的问题，我们有方案解决，征求您的意见。

3）有些突发问题发生了，我们需要请示如何处理（提出几种解决方案，表明倾向）。

2．模拟与平级沟通的情景

与平级的沟通常用来解决以下问题。

1）我们需要共同完成一件事情，需要您充分了解并支持。

2）这件事情超越了我的范围，而您正好可以解决。

3）这件事情由我们共同负责，发生了失误，我没有做到……您有什么补救的方案吗（自己也准备了几种方案）？

3．模拟与下级沟通的情景

与下级的沟通常用来解决以下问题。

1）这个项目由你来完成，你必须先了解需要达到什么要求再去实施。

2）公司打算对你的职务或业务范围进行调整，原因是……你要全力以赴。

3）这个项目需要你们几个人合作完成，我想听听你们的计划。

4．列举你遭遇的沟通问题

____

____

____

5．请老师和同学给你提出建议

建议一：

建议二：

建议三：

小组活动

通过以下活动，请你习惯接纳别人对你的欣赏。

1．发给每位学生一张 A4 影印纸。

2．学生两人一组，一人为甲，一人为乙。

1）甲先向乙介绍自己是一个什么样的人，在说了一个缺点之后，就必须说一个优点，历时 5 分钟。乙则在 A4 纸上记录下甲所说的优点和缺点。

2）5 分钟后，甲乙角色互换，由乙向甲自我介绍 5 分钟，由甲做记录。

3）5 分钟后，教师请甲乙两人取回对方记录的纸张，在背面的右上角签上自己的名字，然后彼此分享做此活动的心得或感受，两人之中需有一人负责整理讨论的结果。

3．每三个小组或四个小组合并为一个大组，每大组有 6～8 人。

1）两人小组中负责整理的人向其他人报告小组讨论的结果。

2）分享后，教师请每位同学将其签名的 A4 纸（空白面朝上）传给右手边的同学。而拿到签名纸张的同学则根据其对此同学的观察与了解，在纸上写下“我欣赏你……，因为……”。写完之后则依序向右传，直到签名纸张传回到本人手上为止。

3）每个人对其他组员分享他看到别人回馈意见后的感想与收获。

思考题

1．主动沟通有哪些重要性？

2．你将如何提升自己的沟通能力？

3．如何与同事达到有效沟通？

模块2　学习商务礼仪

案例分享

“最佳总统”——亚伯拉罕·林肯

亚伯拉罕·林肯1809年2月12日出生于美国肯塔基州哈丁镇，于1865年4月15日遇刺身亡，享年56岁。由于家里很穷，童年的林肯在学校里学习的时间非常有限，加起来不到一年，但他从来没有放弃过学习。他勤奋好学，不耻下问。家里没钱买纸笔，他就在土沙地上和木板上写写画画，练习写字；不能到学校学习，他就在干活的时候怀里揣着一本书，休息的时候，一边啃着粗硬冰凉的玉米饼子，一边津津有味地看书。长大后，他什么活都干，打过短工，当过水手、店员、乡村邮递员、土地测量员，还干过伐木工，后来做律师。1860年，林肯当选为美国第16任总统。不管干什么，林肯都非常认真负责，诚恳待人，以礼待人，很受他人的喜爱。

《林肯传》中有这样一件事：一天，林肯总统与一位南方的绅士乘坐马车外出，途遇一老年黑人向他鞠躬。林肯点头微笑并摘帽还礼。同行的绅士问道："为什么你要向黑鬼摘帽？"林肯回答道："因为我不愿意在礼貌上不如任何人。"可见林肯深受美国人民的热爱是有其原因的。1982年美国举行民间测验，要求人们在美国历届的40位总统中挑选一位"最佳总统"时，名列前茅的就是林肯。

林肯向老年黑人脱帽致礼说明了什么？要得到别人的尊重就必须学会尊重别人；尊重别人不是挂在口头上的，而是需要每时每刻体现在行动上的。

知识视窗

社交礼节用语就像一朵朵美丽的莲花，从一个人的嘴里吐出来，散发的是熏人的芳香，能够营造美好的人际交往氛围，在这样的气氛中人人都可善结人缘，人际交往的圈子自然越来越大，人脉关系一定越来越广。常用的礼节用语主要包括：称呼与问候、拜访与接待、介绍与自我介绍、致谢与致歉、安慰与劝说、赞扬与鼓励等。

一、称呼与问候

1．称呼

称呼指的是人们在日常交往应酬之中，所采用的彼此之间的称谓语。在人际交往中，选择正确、适当的称呼，反映着自身的教养、对对方尊敬的程度，甚至还体现着双方关系发展所达到的程度和社会风尚，因此不能随便乱用。

选择称呼要合乎常规，要照顾被称呼者的个人习惯，入乡随俗。在工作岗位上，人们彼此之间的称呼是有其特殊性的，要庄重、正式、规范。

（1）**职务性称呼**　以交往对象的职务相称，以示身份有别、敬意有加，这是一种最常见的称呼。

职务性称呼有三种称呼方法：直接称职务、在职务前加上姓氏、在职务前加上姓名，后者适用于极其正式的场合。

（2）**职称性称呼**　对于具有职称者，尤其是具有高级、中级职称者，在工作中直接以其职称相称。称职称时可以只称职称、在职称前加上姓氏、在职称前加上姓名，后者适用于十分正式的场合。

(3) **行业性称呼** 在工作中，有时可按行业进行称呼。

对于从事某些特定行业的人，可直接称呼对方的职业，如老师、医生、会计、律师等，也可以在职业前加上姓氏、姓名。

(4) **性别性称呼** 对于从事商界、服务性行业的人，一般约定俗成地按性别的不同分别称呼“小姐”“女士”或“先生”“小姐”是称未婚女性，“女士”是称已婚女性。

(5) **姓名性称呼** 在工作岗位上称呼姓名，一般限于同事、熟人之间。

有三种称呼方法：可以直呼其名；只呼其姓，要在姓前加上“老、大、小”等前缀；只称其名，不呼其姓，通常限于同性之间，尤其是上司称呼下级、长辈称呼晚辈，在亲友、同学、邻里之间，也可使用这种称呼。

2. 问候

★ 看望别人应说：拜访。
★ 等候别人应说：恭候。
★ 请人勿送应说：留步。
★ 麻烦别人应说：打扰。
★ 请人帮忙应说：烦请。
★ 求给方便应说：借光。
★ 托人办事应说：拜托。
★ 请人指教应说：请教。
★ 他人指点应称：赐教。
★ 与人分别应说：告辞。

二、拜访与接待

1. 上门拜访用语

处在通信发达的时代，无论是因公还是因私上门拜访，其正确程序应为：预约—— 会面—— 交谈—— 告别。

（1）电话预约 良好的习惯是成功开始的第一步。无论是初次拜访客户或是后续拜访客户，提前电话预约一下是非常好的习惯，便于你安排自己的拜访行程，同时也了解客户方的时间安排，不做无用功，以免到时候客户没时间安排会谈或者用很少的会谈时间来应付你。

打电话的时候，应该注意以下事项。

1）先思考清楚，再拨打电话，不要打错电话，不要说错话。

2）第一次打电话时，请先做自我介绍："您好！我是某某。"自我介绍后，应该简单说明打电话的理由。

3）打办公电话使用的语言一定要有礼貌，要直截了当，说话要专业、到位。

4）谈完公事以后，要寒暄两句客气话再挂断，"谢谢您，再见！""实在麻烦您了，再见！"

（2）见面之初 一般拜访客户敲门时宜用食指弯曲轻轻叩击，连续两下，如果没有应答，稍等片刻再连续两下。连续叩击次数太少不一定能听到，太多听起来不舒服，有种催促的感觉。开门后的介绍方式为："××领导你好，我是××公司的××，曾给您打过电话，特地过来拜访您。"

（3）交谈用语 正式的会谈特别讲究语言的使用，在称谓上要注意使用敬语，如阁下、您、先生、×总、×董。在措辞上谨慎，如需要对对方说"不"时要特别婉转。来看看美国前总统罗斯福如何说"NO"：罗斯福在海军任职时，有一位朋友向他打听海军在加勒比海一个小岛上建立潜艇基地的计划。罗斯福向周围看了一眼压低声音说："你能对你的朋友保守秘密吗？"对方答到："当然能。"罗斯福笑着说："我也能。"罗斯福知道他的责任和义务不允许他泄密，所以他将这种可能会蔓延的不愉快扼杀在"摇篮里"。在幽默风趣中让对方接受自己的拒绝，同时也让对方有一个走下去的台阶，不至于让对方在心理、情感上产生无法接受的效果。

(4) **告别用语** 告别时一般的用语有："再见""谢谢""认识您特别高兴""后会有期""留步""期待与您合作"等。

2. 接待来客用语

1）请进！

2）您好！先生（女士）您是……？

3）请问您找谁？

4）他（她）不在，请问有事需要转告吗？

5）×××单位（或×××同志）在×楼，我带您去（或指明地点）。

6）对不起，让您久等了。

7）请坐（请喝茶）。

8）我就是，请问有事需要办理吗？

9）请稍等，我马上为您办理。

10）对不起，这个问题……，请留下您的联系电话，我们研究后给您答复好吗？

三、自我介绍与为他人做介绍

1. 自我介绍

自我介绍的难点是积极主动，重点是用心打造良好的第一印象。

自我介绍是在社交场合中打算与某人相识或求职者新到一个环境等情况下，需要做的有关自我信息的介绍。这是在双方互不相识，又没有中间人的情况下所需要的一种介绍方式。自我介绍的内容包括自己的姓名、身份、单位，如果是求职的话，还需要进一步介绍自己的学历、专长、兴趣和经历等情况。

自我介绍的时候，举止要庄重大方，表情坦然、亲切。交流过程中，目光要真诚，绝大多数时间应该直视着对方。自我介绍时，最难做到但又最主要的事情就是给交流对象留下良好的第一印象，即首因效应。第一印象往往最深刻，而且常会成为一种基本的印象，往往影响着对方以后对自己各方面的评价。俗话说，先入为主，讲的就是这个道理。

2．为他人做介绍

居中为他人做介绍是在社交场合中由双方的熟人或者接待人员居中为双方做介绍的一种方法。其重点与难点在于要弄清楚介绍的顺序并牢记这些顺序：把男士介绍给女士；把年轻人介绍给年长者；把地位低的人介绍给地位高的人；把次要人物介绍给主要人物；把内人介绍给外人；把晚到的客人介绍给早到的客人。也就是说，女士、长者、尊者等有优先的知情权，即让被尊重的人优先掌握基本情况。

如果客人不多，应当一一进行介绍，男性应该起立，女性可以不必起立，点头示意即可。除非来宾比在座的女性年纪大或身居要职，被介绍的女性需要站立表示尊重。若被介绍的一方人数较多，应从职位较高的开始一一做介绍，也可由来宾做自我介绍，只需说出自己的姓，并稍欠一下身即可。

居中为他人做介绍时要特别注意一些用语，如把重要人物介绍给大家时："各位好。我来给大家做一下介绍，这位就是著名的××大师"，"大家好。我很荣幸地告诉大家，站在大家面前的就是大名鼎鼎的××先生/女士"。

若仅仅是为两个人做介绍，则尽可能找到双方的共同点。例如，张先生，这位是李小姐，巧得很，你们两位都是学中文的。又如，彭总，这位就是我常常跟您提起的温教授，温教授是您家乡人呢。

日常生活中，我们需要多寻找机会充当中间人，把不相识的人介绍到一起，建立一个良好的人际关系网络。请注意，在为别人做介绍的时候，应该使用敬语。例如，"陈小姐，请允许我向您介绍一下……"，或者"李先生，我来介绍一下，这位是……"。介绍别人的时候，应该把手掌伸开出去（手心与地面成45°），向着被介绍一方，不可以用手指，也不能随意拍打别人的肩或背。

被介绍的双方在被介绍完毕以后，应该互相握手问好。请注意：应该由受尊敬的人先伸手（尊者居前）。顺序为：先年长者后年幼者，先长辈而晚辈，先老师后学生，先女士后男士，先已婚者后未婚者，先上级后下级，先职位、身份高者后职位、身份低者。当女性20岁以下时，也可以由男性先伸手。握手的方式为：伸右手，四指并拢，虎口张开，掌心向左，正视对方，上身稍倾，脱手套，轻重适度。

课堂训练

6～8人一组，做自我介绍，通过“石头、剪子、布”，公平决定谁先说（谁输谁先自我介绍）。

1．介绍内容：你的名字，来自何方，有哪些爱好，以及自愿告诉别人的关于你的信息。（每人2分钟）

如兴趣、爱好、突出的性格特征，又如最喜欢的、最得意的、最讨厌的事物或人，最值得记忆的事，最高兴的事，最难过的事。

2．分享感受：此时此刻对你们刚才的交流有什么感受？（也许你很开心、愉快、放松，也许你找到了一个老乡或者一个志同道合的朋友，几分钟的交流，你有什么感受？）

小组活动

1．指导教师抽取两个小组上台演示。

1）自我介绍及递送名片。制作10年后自己所使用的名片，再做自我介绍的同时，把自己的名片递给对方。

2）按照10年后每人的身份，在某个商务宴会上居中为出场者做介绍，其他小组成员点评，并填写下表。

姓名	表情是否自然	态度是否真诚	顺序是否正确	语速是否适中	表达是否清楚	存在问题

指导教师点评结果：

2. 指导教师随机抽取同学回答以下问题。

1）做中间人的时候，介绍的顺序是怎样的？

2）握手的时候应该注意哪些问题？

3）索要名片的时候应该注意哪些问题？

4）如何把重要的人物介绍给来宾？

5）逐一做介绍的时候，女士是否要起立致意？

思考题

1. 礼貌在人际沟通中有哪些作用？

2．你是个有礼貌的人吗？别人怎样评价你的沟通能力？

3．你认为自己最具魅力的特点是什么？

模块 3　服务沟通能力

案例分享

IQ、EQ、AQ 与 MQ

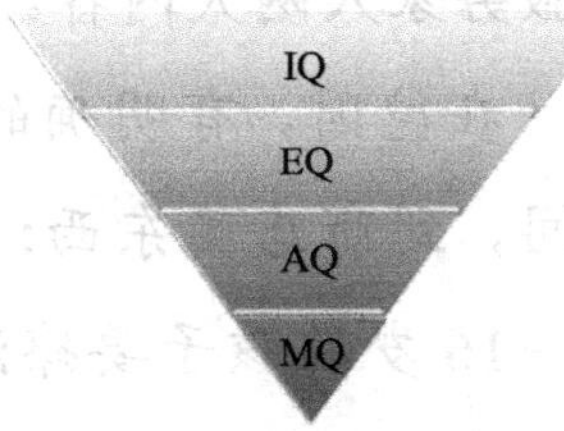

美国哈佛大学里有一位学生，他的成绩非常好，入学时 IQ 测验达 130 分，是一个绝对高智商的人，只可惜他天天早睡晚起，四处游荡，还经常旷课，费了近十年的功夫才拿到哈佛大学的学位。毕业之后，他惰性难改，做事有头无尾，缺乏责任心，不肯吃苦，与同事关系不融洽，爱发脾气，很快就失业了。从此，他不停地找到工作、又很快失业。上岗、失业，几乎成了他生活的全部内容。据另一项调查表明，与这位同学 IQ 测验大体相当的“聪明”的同学毕业十年后大多业绩平平，只有四分之一的人在本行业中达到了同龄人的较高阶层，而大多数人则远远不如同行。

台湾省白晓燕文教基金会在 1998 年 3 月所做的“台湾 1000 大企业用人调查”显示：企业主用人最先考虑的是属于 MQ 的“德性”（占 54.9%），属于 EQ 的“相处”（占 13.2%）和属于 IQ 的“能力”（仅占 2%）。

成才虽然与 IQ 有关系，但不是一一的对等关系，除了 IQ 之外，还有其他因素。比较重要的有EQ（Emotion Intelligence Quotient）情智商、AQ（Adversity Quotient）逆境商、MQ（Moral Intelligence Quotient）道德智商。EQ是一种为人的涵养，是一种性格的素质。一个EQ高的人，懂得如何自觉、主动学习、自动做事，因此就算他们的IQ不比别人高，但成绩也可以比别人好；AQ是我们在面对逆境时的处理能力，一个人AQ越高，越能积极乐观，接受困难的挑战；MQ高的人，则是相当稳定的，对自己和他人负责，讲信用，能建立良好社会关系，受人尊重。总之，人的成才，是IQ、EQ、AQ、MQ等因素综合作用的结果。

知识视窗

一、服务从小事做起

一个人的服务沟通能力主要是通过后天的教育和训练所获得的。早期，孩子从家庭的教习中建立起服务意识和服务能力，有自我服务（独立生存）和服务家人两大内容。

在德国，有明确的法律规定：6～10岁的孩子要帮助父母洗餐具，收拾房间，到商店买东西；10～14岁的孩子要在花园里劳动，给全家人擦皮鞋；14～16岁的孩子要擦汽车和在花园里翻地；16~18岁的孩子要完成每周一次的房间大扫除。

在美国，1岁多的孩子基本上都是自己吃饭，几乎看不到父母端着饭碗追着孩子喂饭的情景。移居美国的中国人说，经常会有人按门铃，打开门后看到的是一个稚嫩的面孔，他问：请问你家需要请人割草吗？很多美国的孩子靠在自家或邻居家修剪草坪等杂工赚取零花钱。日本家庭从小就培养孩子自主、自立的精神，大部分家庭要求孩子做家务劳动，包括吃饭前后的帮忙、烧饭；让孩子收拾整理自己的房间及身边的东西。

从小就能够服务家人，学会独立，将来更容易积极主动地投入社会服务事业当中。如果一个人对家人不闻不问、不关心、不付出，那么很难设想，他对其他陌生人会主动付出、热情服务。

二、重视专业培养

学校作为教育的重要载体，衔接着家庭和社会教育，在终端教育之前，实施广义的服务意识教育——继续传扬利他思想，摒弃自私自利，教育学生要为他人服务，在人际交往中适当妥协退让，与人友好相处，以提供支持和帮助为荣，以团结合作为乐。进入终端学校，尤其是职业院校，有关服务意识的培养及训练，与“职业”二字紧密相连，通过专业导向、就业导向和实践导向，提高学生的服务意识，提升学生的职业竞争力。

三、重视团队合作与沟通

佛教创始人释迦牟尼曾问他的弟子：“一滴水怎样才能不干涸？”弟子们面面相觑，没有一个人回答。释迦牟尼说：“把它放到大海里。”一个人如果不能很好地融入团队，就会像离开大海的水一样迅速“干涸”；只有全身心地融入到团队中去，让自己成为团队的一分子，才能最大限度地实现自身的价值。

现在的社会竞争前所未有的激烈，一个缺乏团队意识，不懂得沟通与合作的人，即使有着超强的能力，也难以在工作中更好地发挥出自己的优势，甚至难以在职场中立足。抛弃了团队合作与沟通，就意味着抛弃了更好地实现自身价值的大舞台和机会。

课堂训练

请各小组成员组建一个服务队，其他小组成员扮演“顾客”，训练不同情景的服务用语。

1．顾客进来挑选商品时，请你热情接待。

1）如果喜欢，请随便试穿。

2）您仔细看，不合适的话我再给您拿。

3）别着急，您慢慢选吧。

4）需要什么我帮您拿。

5）我帮您选好吗？

2．接待顾客，另外有顾客进来时，请你表达歉意。

1）对不起，请您稍等。

2）请稍等一下，我接待完这位顾客就来。

3）请您稍等，我马上给您拿。

4）小姐，请您随意挑选、试穿，我马上就来。

3．进行商品销售服务的时候，请你耐心接待。

1）您的眼光真好，这款很适合您。

2）这款样式挺漂亮的。

3）您感兴趣的话，我愿意帮您参谋一下。

4）这件商品做工精细，价格合理，一向很受欢迎。

5）您买回去若不合适，请保存好，只要不污损，可以拿来退换。

6）请您稍等，我马上给您拿。

7）需要什么我帮您拿。

8）对不起，现在暂时无货。请您抽空常来看看。

9）请留下电话，有货时我们将及时通知您。

10）不好意思，这款刚刚卖完，给您拿一款相近的好不好？

11）请稍等一会，我来帮您包装。

12）请您清点好，我给您包装好。

13）这里有礼品袋，我为您包装好。

14）如果您需要礼品包装，请到服务处。

15）这是您的东西，请拿好。

16）您的商品，我已帮您打好包装。

17）这东西易碎，请您要小心拿好，注意不要碰撞。

4．发生以下服务纠纷，请你妥善处置。

1）顾客说："我前天在这里购买了一件上衣，但回家以后发现尺码太大了。我要退货。"

2）顾客说："我买的手机有问题，我必须退货。"

请大家根据你的表现提出改进建议，请你记录下这些建议。

你存在的问题	大家的改进建议	改进效果记录

小组活动

以班级或者你所参加的社团为单位组织一次社会服务的活动，提高个人服务沟通能力。

1）经过讨论，共同制订为民服务活动的时间、地点、形式。

2）设计好活动的程序和活动的具体内容。

3）活动结束后，请大家一起交流活动的收获，分享体验。

思考题

1．如何提高个人服务沟通能力？

2．你是否乐意主动为班级或者别人做事？别人如何评价你？

3．在工作中遭遇顾客不礼貌，你打算如何应对？

模块4　人际沟通能力

案例分享

同学间的冲突

有一天，小敏和一些同学在教室里闹着玩，不小心把小浩的课桌碰倒了，桌上的东西全部滑落到了地上，小浩放在课桌上的眼镜也打碎了。小浩看到这种情景立刻火冒三丈，大声嚷道："你没长眼睛吗？简直就是疯子！给我捡起来，赔我的眼镜……"本来小敏还很内疚，觉得过意不去，想帮小浩先把东西捡起来，可看到小浩的样子，再听到他说的话，觉得他太盛气凌人了，于是回骂道："谁在这里发飙啊？我就是不捡、也不赔，你能拿我怎么样？"于是，他们两个你一言我一语吵开了，越吵越凶，差点打起来，身边的同学把两人拉开了。班主任知道后，把他们两个人都批评了一顿。小敏赔偿小浩一副眼镜，小浩也向小敏道歉，但从此小敏和小浩两个人之间像是有了一道很深的裂痕，见面不说话，关系越来越差。对此，他们两个人也都觉得很苦恼，很烦，但又都认为是自己受了委屈，对方应该主动认错……可是他们看到的全是对方的错，并不知道自己已经失去了很多。

殊不知，良好的人际关系，是一个人事业成功的基础，需要拥有一颗宽容的心，需要真诚，需要积极、主动，需要学会控制。

知识视窗

一、用眼神传达信息

面部表情语言以眼睛最为重要。在现实生活中，人的眼睛会说话、人的眼睛招人爱，这种现象我们常常可以见到。目光的运用应注意以下几个方面的问题。

1. 注意目光的投向

目光注视的部位不同，表明双方的关系不同，所注入的信息不一样。例如亲密的注视，是注视对方两眼与胸部之间的三角形区域，而社交意义上的注视，则把目光停留在对方的双眼与腹部之间的三角区，但这里需要注意各民族的习惯与文化背景。有的民族把注视看成是一种冒犯，如日本人在谈话时是注视对方的颈部，而不是面部，更不是眼睛。因此，在目光语交流的过程中，一定要考虑文化差别的因素。另外，即使是同一民族，即使是“亲密注视”，如妻子注视丈夫或者丈夫注视妻子、父母注视孩子、兄弟姐妹之间注视等都有一定的区别，需要灵活掌握。

2. 注意目光的时距

目光注视对方时间的长短，也是很有讲究的。长久不注视对方，则被认为是冷落人家，或者是对对方不感兴趣；长时间地盯着对方看，也很不礼貌。刚一注视就马上躲闪，往往被看作是胆怯或者心虚。一般地，要想与别人建立起良好的人际关系，交流的大部分时间都应该关注着对方，大约有 60%～70%的时间注视着对方，这会使对方觉得受到关注，从而对你产生兴趣，进而产生信任感。因此，不难想象，紧张、羞怯的人由于目光注视的时间太短，就不容易被人信任了。自卑、胆怯的人进行训练的时候尤其要注意自己的目光，千万别飘来飘去。经常对着镜子，看着镜子里的那双眼睛，多加练习，渐渐适应。

3．注意目光的视式

目光注视的方式称为视式，表明交往双方交往的态度。当一方对另一方非常重视，或者谈论比较严肃的话题时，一般会采用正视；当对对方表示轻蔑或者反感的时候，就会采用斜视；当对对方毫无兴趣、甚至厌恶时，就会采用耷拉眼皮的姿势。这些变化都是比较有讲究的。例如，在训练演讲的时候，大多应该用正视，并适当地配合采用扫视和环视，这样既显得庄重严肃，又照顾到所有的听众，容易引起大家的共鸣，演讲效果好。

4．控制对方的眼神

在人际交往中，主要靠注视来维持自己与对方之间的交流关系，靠注视把对方的注意力集中到自己这里。如果我们在向对方讲解什么问题或传授知识，有必要辅助图画、实物、手势等，以便设法控制住对方的眼神；也可以用一支笔或教鞭指着图画或实物，同时念出所指的部分，并注意把笔或教鞭移到彼此目光的直线上。演讲或者朗诵的时候，可以适当辅助手势，增强感染力。

为了更好地把握并很好地运用眼睛，可以注意观察并模仿动物的眼神。男性眼神应像雄鹰的眼神一样，显得刚强、坚毅、稳重、深沉、锐利、成熟、沧桑、亲切、自然；女性眼神应像明亮的月光，像猫的眼神一样，显得柔和、善良、温顺、敏捷、灵气、秀气、大气、亲切、自然。

二、展现微笑的魅力

人是最赋有表情的动物，微笑是最甜、最美、最动人、最心旷神怡的表情，是最珍贵的、无需花费一分钱的化妆品。动物有痛苦、愤怒，但它们绝对微笑不起来，微笑是人类特有的精神财富，是以礼待人最感人的表情。据调查，很多政治家、外交家、演员、公关小姐、运动员，他们事业上的成功，不仅因为他们有出众的才华，更重要的是他们那颇具魅力的微笑。达·芬奇的名画《蒙娜丽莎》的微笑，令人陶醉，令人痴迷，令人赏心悦目，永远是一个神秘的难解之谜。俗语说：一笑泯恩仇；笑一笑，十年少。“你今天对客人微笑了没有？”这是美国希尔顿酒店总裁希尔顿在 50 年里，在视察世界各国业务时向员工问的第一个问题，正是微笑使他的总公司成为了世界一流的酒店。卡耐基说过：微笑是别人喜欢我们的规则，是一个给人良好印象的简单方法，一个人的面部表情，比穿着更重要，笑容能照亮所有看到它的人，像穿过乌云的太阳，带给人们温暖。微笑是人际交往的催化剂，它散发出凡人无法抵挡的吸引力。我们轻轻地一展笑颜，胜过千言万语。微笑永远是我们表达愉悦情感的心灵之窗，透过“窗口”，可以看到纯真、亲切、友善、慈祥和诚意。

怎样才能给人一个亲切、友善、热情的微笑呢？最根本的，微笑来自于自信、满足和热爱。只有一个充满自信、懂得欣赏自己、热爱生命、热爱生活的人才会发出会心的微笑。每个人都需要微笑，都应学会微笑。运用微笑语传情达意，应该做到以下几点。

1. 自然地微笑

微笑是发自内心的，是美好心灵的表露。我们需要怀抱感恩之心，少一份怨天尤人的抱怨，多一份发自内心的满足与快乐。我们感恩生活，给予我们成长的机会，给予我们磨砺，给予我们友情和亲情，给予我们快乐和幸福。这样我们才能笑得自然、笑得亲切、笑得美好、笑得得体。我们没有必要为笑而笑，没有必要装腔作势地笑，更不要皮笑肉不笑。

2. 真诚地微笑

微笑其实包含的潜台词就是："我喜欢你，你使我高兴，见到你真的很愉快。"真诚其实就是真切、诚恳之意，温暖人心，感人心肺。在自我训练的时候，可以在自己的内心深处注入这样的信息："我觉得你很好，我也不错，很希望成为你的朋友，跟你在一起很高兴。"

3. 把握微笑的时机

微笑并不是不讲条件的，也并不是可以用于一切交际环境。它的运用是很有讲究的，这讲究就是微笑的艺术。微笑首先要讲场所。出席一个庄严的集会，参加一个追悼会，或讨论重大的政治问题，自然不宜微笑。谈论一个严肃的话题，或者告知对方一个不幸的消息时，或者你的谈话使对方感到不愉快的时候，就不应该微笑了，如果不管不顾，自顾自地微笑，那就变成傻笑了。另外，微笑要讲究程度，笑得太放肆，太过分，太没有节制，就会有失身份，令人反感；微笑如果一笑即收敛，一闪而过，同样收不到什么效果。微笑的程度应该合适，具体合适的程度需要在实践中摸索。微笑要讲究对象，微笑给恋人传递爱慕之情，给同事、朋友、顾客传达友好之意，对长辈表示一种尊敬，对晚辈表示一种慈爱。

课堂训练

在人际交往和商务交往中，掌握礼貌用语非常重要，请你多加训练。

1. 见面语

见面最初时，我们需要说的、表达尊重的、简短的语言。

早晨见面："您早！""您好！""早上好！"

中午见面："您好！"

初次见面："您好，见到您很高兴！""您好，认识您真高兴！"

节日见面："节日快乐！"

迎宾用语："欢迎光临！"

2．感谢用语。

因他人的好意或对自己的帮助而对其产生好感，以表谢意的语言。

“谢谢您！”

“麻烦您了，非常感谢！”

“非常感谢您的培育！”

“很感谢您的美意，我心领了。”

3．道歉用语。

指向别人表示歉意的语言。

“对不起，实在抱歉。”

“真是过意不去。”

“对不起，打搅了。”

4．赞美用语。

用于赞美他人的语言。

“太棒了！”

“这太好了！”

“您对我们太好了！”

“您看起来非常精神呀！”

5．谦让用语。

向人表示谦恭和自谦的语言。

“请多指教。”

“请您留步。”

“请用餐。”

“请上座。”

6．十字文明用语。

“您好”“请”“谢谢”“对不起”“再见”。

小组活动

1．小组成员面对面站立，对望，不必说话，然后再微笑、问好、握手、寒暄。填写小组成员训练评价表。

姓名	站姿是否自然	目光是否有神	手势是否协调	微笑是否自然	存在问题及改进意见

2．检测你的人际关系行为困扰程度。

这是一份学生人际关系行为困扰的诊断量表，一共有28个问题，请你根据自己的实际情况，逐一对每个问题做“是”或“否”的回答。为了保证测验的准确性，请你认真作答并跟同学们分析测评结果。

1）关于自己的烦恼有口难开。

2）和生人见面感觉不自然。

3）过分地羡慕和忌妒别人。

4）与异性交往太少。

5）对连续不断的会谈感到困难。

6）在社交场合感到紧张。

7）时常伤害别人。

8）与异性来往感觉不自然。

9）与一大群朋友在一起，常感到孤寂或失落。

10）极易受窘。

11）与别人不能和睦相处。

12）不知道与异性如何适可而止。

13）当不熟悉的人对自己倾诉他（她）的生平遭遇以求同情时，自己常感到不自在。

14）担心别人对自己有什么坏印象。

15）总是尽力使别人赏识自己。

16）暗自思慕异性。

17）时常避免表达自己的感受。

18）对自己的仪表（容貌）缺乏信心。

19）讨厌某人或被某人所讨厌。

20）瞧不起异性。

21）不能专注地倾听。

22）自己的烦恼无人可倾诉。

23）受别人排斥，感到寂寞。

24）被异性瞧不起。

25）不能广泛地听取各种意见和看法。

26）自己常因受伤害而暗自伤心。

27）常被别人谈论、愚弄。

28）不知如何更好地与异性交往。

计分标准：选择“是”的得1分，选择“否”的得0分。

结果解释：

1．如果你的总分在0～8分之间，表明你在与同学相处上的困扰较少。你善于交谈，性格比较开朗，能够主动关心别人。你对周围的朋友都比较好，愿意和他们在一起，他们也都喜欢你，你们相处得不错。而且，你能从与朋友的相处中得到许多乐趣，你的生活是比较充实而且丰富多彩的，你与异性朋友也相处得很好。一句话，你不存在或较少存在交友方面的困扰，你善于与朋友相处，人缘很好，能获得许多人的好感与赞同。

2．如果你的总分在9～14分之间，表明你与朋友相处存在一定程度的困扰。你的人缘一般，换句话说，你和朋友的关系并不牢固，时好时坏，经常处在一种起伏之中。

3．如果你的总分在 15～28 分之间，表明你与人相处的行为困扰比较严重，分数超过 20 分，则表明你的人际关系行为困扰程度很严重，而且在心理上出现较为明显的障碍。你可能不善于交谈，也可能是一个性格孤僻的人，不开朗，或者有明显的自高自大、讨人嫌的行为。请你自行检查并及时纠正。

思考题

1．你喜欢跟什么样的人交朋友？

2．你所在宿舍或者班级存在哪些人际交往问题？如何解决？

3．你是否存在别人最不能容忍的个性？是否希望改进？如何改进？

单元 3　团队合作能力训练

3

模块 1　团队合作意识培养

案例分享

职场中的独行侠

某公司里有一位员工，不仅拥有出色的学历，而且在工作上也做出了一些成绩。按照他的才能，早就应该晋升到更高的职位，可是，事实并非如此，那些能力比他差的人都得到了晋升，而他却一直停留在原来的职位。为什么呢？原来，这位员工俨然一位独行侠，做事喜欢独来独往，不能和同事很融洽地相处。当同事需要协助时，他不是拒绝就是敷衍，而他也很少向其他同事求助，宁可事事亲力亲为。

最为遗憾的是，这位员工并没有意识到自己的问题，反而认为自己的才华没有得到老板的足够重视。终于有一天，老板从大局出发，找这位员工谈话，希望他注重团队沟通与合作。然而，两个月过去了，这位员工依然我行我素，老板决定辞退他。这位员工不解地问："老板，如果我离开公司，你难道一点都不会心痛吗？"老板回答说："我当然会心痛，因为我将失去你这样一个有能力的人。但如果你伤害到我的团队，我就一定会让你离开。"

这位员工之所以没有得到重用，不是因为他没有能力，而是因为他不懂得放低自己，让自己成为团队的一分子。现在的企业越来越重视团队的力量，当老板觉得某一个人会影响整个团队时，即使他的个人能力再突出，老板也只好忍痛割爱。

知识视窗

一、团队合作意识

1994 年，期蒂芬·罗宾斯首次提出了“团队”的概念：为了实现某一目标而由相互协作的个体所组成的正式群体。团队应同时具备几个要素：共同的目标，明确的分工，统一的领导，一致的行动。

团队合作是指团队成员为了达到既定的目标自觉合作、协同努力的过程。

团队合作意识指的是团队成员主动使自己的行为与团队目标保持高度一致，按组织要求最大程度发挥自己作用的意识。强调团队合作，并不否认个人智慧与价值，当个人的聪明才智与团队的目标一致时，其价值才能得到最大化的体现。团队合作意识具体表现为全体成员的向心力和凝聚力。通俗说来是人心齐、力量大，但优秀的团队并不是人力的简单叠加，而是分工不同、各具特色的人力资源的优化组合。

团队合作能力是与他人配合、协作共同完成任务，以实现团队目标的能力。团队合作可以形成单位或部门的凝聚力，可以更好、更快、更高质量地实现团队的目标。团队合作能力培养的前提是把自己看作团队中不可缺少的一员，将个人的目标服从于团队目标；同时个人的发展成长随着团队目标的实现而得以实现。就像阿里巴巴总裁马云先生说：“让每一个人的才华真正地发挥作用的道理就像拉车，如果有的人往这儿拉，有的人往那儿拉，互相之间先乱掉了。我在公司的作用就像水泥，把许多优秀的人才聚合起来，使他们力气往一个地方使。”

无论是谁，都需要自己的团队，否则根本不可能有展示自我才华的平台。

现代社会，分工越来越精细，生产趋向于专业化，企业的生产与服务活动靠单个的人难以完成，团结合作是发展的必然。例如物流业，它的环节相当多，生产、出货、仓储、报关、运输、中转、清关、送货上门等众多环节不是任何一家公司能独立完成的，这里涉及太多的公司，公司之间要相互合作。从物流角度看，众多物流公司算是个大团队，经过通力的合作将物资运输到世界各地，最终进入每个家庭。

众所周知，蚂蚁是自然界中最为团结的动物之一。一只蚂蚁的力量是微不足道的，但上百万只蚂蚁团结起来，组成一个蚂蚁军团，则可以在几分钟之内将豺狼虎豹啃噬得只剩下一堆骨头。这就是“蚂蚁效应”所产生的威力。当大雨冲垮了蚂蚁窝时，蚂蚁们为了重建自己的家园，团结一致，百折不挠，拼命地搬运沙子，艰难地往地势高的地方爬。一个传递一个，很快就把家园修好了，恢复了正常的生活。

在蚂蚁的兵工团里，有着默契弹性的分工协作，一只蚂蚁搬食物往回走时，碰到另一只蚂蚁会把食物交给它，自己再回头，蚂蚁要在哪个位置换手不一定，唯一固定的是起始点和目的地，这启发了我们在工作中的互动和配合。

二、团队合作能力

作为学生，拥有团队合作意识以后，需要在实践中加以训练。最根本的途径是在校期间好好把握与人交往的机会，锻炼培养与人合作的能力。具体可以从以下几点锻炼：一是多参加集体活动，在活动中学会与人相处、分工合作；二是大胆发挥自己的特长，通过发挥自己的特长体现自己在团队中的价值，并得到别人的尊重；三是积极与其他团队成员交流经验、体会。

当然，团队合作还不仅仅表现在沟通和交往方面，还应该表现在对团队的忠诚和奉献等方面。“对企业忠诚，对同事坦诚，对朋友实诚，对顾客真诚，对厂家信诚，对社会竭诚”，已经成为从业人员的道德标准。

七月流火。广州市某家外商独资企业举行招聘考试，希望招聘一名高级技术人员，待遇优厚，很多人前来参加考试。

高先生是一家私营企业的高级工程师，他坐在闷罐似的考场里，蒸腾的暑气加上燥热的心情，热汗淋漓。其实，面对考题他并不慌乱，外文、专业技术类考题等，他都答得十分圆满，唯有第二张考卷的两道怪题令他十分头疼：“你所在的企业或曾任职过的企业经营成功的诀窍是什么？技术秘密是什么？”

这类题对于曾在企业搞过技术的应聘者并不难，但高先生手中的笔却始终悬着，捏来攥去，迟迟落不下去，多年的职业道德在约束着他：厂里的数百名职工还在惨淡经营企业，我怎能为了自己的饭碗而砸了大家的饭碗呢？

他心中似翻江倒海，毅然挥笔在考卷上写下4个字：“无可奉告。”

高先生拖着沉重的步伐向家里移动着，进门后，妻子一再追问，他才道出了答题的苦衷。全家人默默无语。

正当高先生连日奔波，另谋职业之际，石破天惊，外商独资企业发来了录取通知，高先生技压群雄，“白卷夺冠”，大家众议纷纷，成为广州城的一大新闻。

你认为高先生为什么被录取？

每个人都从属于某个团队，也许你已经加入某个社团，你为什么加入这个社团？你在团队里能否表现个人能力？你如何表现？其实，最为重要的不是你的能力有多强，而是你是否拥有团队合作能力。

首先，你要做到心有团队，重视和尊重团队，尊重每个队友。对于一个团队而言，对于队友而言，他们希望你经常参与大家的活动，希望你把目光和思绪投注在团队所做的事情上面。只有每个队友的心向着一个方向，这个团队的力量才会强大和有凝聚力。

其次，认真处理好团队内部的关系，和队友或领导及时沟通和交流，化解冲突和矛盾。身处一个团队，每个人有每个人的个性，不可能每个队友或你的上司都能很快读懂你，因此，你需要技巧性地处理队友之间及上司之间的关系。

再次，你需要谦虚、谦虚、再谦虚，虚心听取大家的意见。不管你之前做过什么工作，有过什么经历，你必须虚心学习，因为你是团队的一员。团队既然为团队，肯定有个人无法完成和超越的能量。团队越大，成员所做的贡献越容易被平均化。作为其中一员，最好的办法就是降低自己的优越感和骄傲心理，千万不能存在“争抢功劳”的私心杂念，一定要虚心听取其他队友的意见，共同寻求最好的解决方案，追求共赢，才能成为最大的、最终的赢家。

课堂训练

班级要组织一次活动，目的是提高班级的凝聚力，请分组讨论 10 分钟，提出活动方案，每组派代表讲述各自的方案，全体同学进行讨论，最后选择一套方案。

小组活动

小组游戏：叠报纸

游戏规则：将两张 4 开的报纸放在地上，每张报纸上站五个人（一个小组），每个小组派一个代表与对方猜拳，输的一方需要把报纸对折后站在上面，直到其中一方站不上去为止。（站立时，所有人的双脚都不能同时着地）

思考题

1．你所在的团队有哪些？你在团队里是否受到关注？

2．你打算如何提高自己的团队合作能力？

3．你所在班级哪些同学特别受大家欢迎？为什么？

模块2　欣赏、激励他人

案例分享

欣赏的力量

1852年秋天，屠格涅夫在打猎时无意间捡到一本皱巴巴的《现代人》杂志。他随手翻了几页，竟被一篇题名为《童年》的小说所吸引。作者是一个初出茅庐的无名小辈，但屠格涅夫却十分欣赏，钟爱有加。他四处打听作者的住处，最后得知作者是由姑母一手抚养照顾长大的。屠格涅夫找到了作者的姑母，表达他对作者的欣赏与肯定。姑母很快就写信告诉自己的侄儿："你的第一篇小说在瓦列里扬引起了很大的轰动，《猎人笔记》的作家屠格涅夫逢人便称赞你。他说：'这位青年人如果能继续写下去，他的前途一定不可限量!'"

作者收到姑母的信后惊喜若狂，他本是因为生活的苦闷而信笔涂鸦打发自己心中的寂寥，没想到得到大名鼎鼎的屠格涅夫的欣赏，竟一下子点燃了心中的火焰，找回了自信和人生的价值，于是一发而不可收地开始创作，最终成为具有世界声誉和世界意义的艺术家和思想家。他就是列夫·托尔斯泰，代表作有长篇小说《战争与和平》《安娜·卡列尼娜》《复活》以及自传体小说三部曲《童年》《少年》《青年》。

知识视窗

一、懂得欣赏他人

其实，欣赏他人往往体现一种善良的本性。

在社会生活中，欣赏与被欣赏是一种互动的力量之源，欣赏者必具有愉悦之心，仁爱之怀，成人之美之善念；被欣赏者必产生自尊之心，奋进之力，向上之志。因此，学会欣赏应该是一种做人的美德。台湾作家林清玄当年做记者时，曾经报道了一个小偷作案手法非常细腻，犯案上千起，第一次被捉到的事情。他在文章的最后，情不自禁地感叹：“像心思如此细密、手法那么灵巧、风格这样独特的小偷，又是那么斯文有气质，如果不做小偷，做任何一行都会有成就的吧!”没想到，他20年前无心写下的这句话，却影响了一个青年的一生。如今，当年的小偷已经是台湾几家羊肉火锅店的大老板了!在一次邂逅中，这位老板诚挚地对林清玄说：“林先生写的那篇特稿，彻底打破了我生活的盲点，使我想到为什么除了做小偷，我没有想过做其他的正当事呢?从此，我脱胎换骨，重新做人。”

回头想想，如果没有林清玄当年对小偷的“欣赏”和企盼，恐怕也就不会有这位年轻人后来的事业和成就。不难看出，欣赏与得到欣赏，对人生是多么重要啊!

二、经常激励他人

欣赏，是一种理解和沟通，也包含了信任和肯定，更是一种激励和引导。基于欣赏的激励可以使人扬长避短，更健康地成长和进步。其实，社会上的每一个人都渴望别人的欣赏和激励，同样，每一个人也应该学会去欣赏、激励他人。

激励大师威廉·丹福斯写了一本书《我激励你!》，今天这本书正在激励着成千上万的人们。

威廉·丹福斯是美国最大的公司之一—— 若斯通·陪里拉公司的老板，但大家并不知道，他小时候是个有病的孩子。然而，他在小学遇到了一位优秀的老师，得到这位老师的激励，就此改变了他的一生。这位老师如何做到的呢?

方法很简单，却很神奇。老师用挑战的方式鼓励他：“我激励你!”“我激励你成为学校中最健康的孩子!”

从此，“我激励你”成了威廉·丹福斯一生自我激励的语句。他果真成为学校中最健康的孩子，他健康地生活了85年。

三、珍惜你身边的每个人

戴尔·卡耐基在《怎样赢得朋友和影响他人》一书中，提出了善结良缘的六条途径：真诚地对别人感兴趣；微笑，多提别人的名字；做一个耐心的听众；鼓励别人谈他自己；谈符合别人兴趣的话题；以真诚的方式让别人感到他很重要。他把这一技巧传授给了无数的人，使他们把握住缘分，成为有缘人，取得了成功的人生。

天上不会掉下馅饼。在缘分的天空下，我们要主动出击。惜缘，还要努力去争取，才会有缘分。如果你缺少朋友，那就该检讨一下：是不是自己没有珍惜身边的人？如果你在团队里不受欢迎，检查一下你是否没有跟别人交心？

人，作为社会关系的总和，是需要互动的。只有我们主动交往，别人才会对我们感兴趣。主动出击是最基本的人际交往的技巧。

在缘分的天空下，我们要做一个有心人。留心别人，把别人放在心上。只有站在别人的立场上设身处地为别人着想，用别人的心去聆听世界，我们才知道别人需要什么，才能通过满足别人的需求来得到别人的信任和支持，我们的心最终才会走到一起来。有的同学跟宿舍里的人无法相处，期望到其他社团里寻求认同，有的人以为自己在某个社团里不被重视，匆匆忙忙选择其他社团。其实，真正自信、友好的人往往非常关注身边的人。好好想一想，为什么你们偏偏遇到了？为什么你们会同时思考同一个问题？为什么你们都那么执著地探寻解决问题的办法？一切皆因缘分！珍惜身边的人，珍惜你的团队，珍惜每一次相处、做事的机会，享受每一次共同进步的快乐吧！

课堂训练

请你回想一下，自己在成长过程中所得到过的鼓励，这些鼓励对你有何帮助？

____

____

____

____

小组活动

发给每组成员一张海报纸，请大家共同制作一份激励他人的海报，看哪组做得最快、最好，每组派代表讲解各自的海报内容。

思考题

1. 你为什么要欣赏他人？

2. 你激励他人最喜欢使用哪些语言？

3. 你渴望别人赞美你的哪些品质？

模块3　团队活动组织

案例分享

合作才能赢

有家外企公司在招聘一个重要的岗位，不少人前去应聘。应聘者中不乏佼佼者。聪明的董事长知道，这些应聘者都有渊博的知识做后盾，书本上的知

识根本难不倒他们，于是，公司人事部就策划了一个别开生面的招聘会。

招聘开始了，董事长让前六名应聘者一起进来，发给他们15元钱，让他们一起到街上吃饭；并且要求，必须保证每个人都要吃到饭，不能有一个人挨饿。

六个人从公司里出来，来到大街拐角处的一家餐厅。他们上前询问就餐情况，服务员告诉他们，虽然这儿米饭、面条的价格不高，但是每份最低也得 3 元。他们一合计，照这样的价格，六个人一共需要 18 元，可是现在手里只有 15 元，无法保证每人一份。于是，他们垂头丧气地出了餐厅。

回到公司，董事长问明情况后摇了摇头，说："真的对不起，你们虽然都很有学问，但是都不适合在这个公司工作。"

其中一个人不服气地问道："15 元钱怎么能保证六个人全都吃上饭？"

董事长笑了笑说："我已经去过那家餐厅了，如果五个或五个以上的人去吃饭，餐厅就会免费加送一份。而你们是六个人，如果一起去吃的话，可以得到一份免费的午餐。你们没有立即组建成一个团队，这是你们今天失败的原因啊。"

知识视窗

一、加强团队合作训练的途径

1. 注重参与班集体活动

在活动中需要跟其他成员进行沟通和交流。可以通过推选，也可以通过自荐，产生领导；通过商讨，达成团队目标；通过集体行动，共同完成任务。在团队中还可以不断尝试变换角色，让自己在多次的活动中判断最适合自己的角色，是领导型、还是技术型或是协调型的人才。

2. 独立与合作相结合

努力完成自己的任务，并在自己有富余的时间和精力时，帮助其他有需要的成员，缩短团队达标的整体时间。

3. 有意识地营造同一性

在活动中，必须遵守团队的同一性，必须牢记团队的统一口号、统一语言、统一礼仪等，自觉地培养团队合作意识。

4. 服从与创新相结合

创新也是一种难能可贵的能力，在团队中，除了服从团队集体的利益，还需要具有创新的意识。团队合作因角色与分工存在差异，必须打破平均主义，积极创新，促进整体目标的发展和最终实现。

5. 参加专门的拓展活动

通过一系列精心设计、组织的集体活动，激发自尊，开发心智和培养团队精神等。素质拓展于1995年走进中国，短短几年不断发展，备受推崇，逐渐被列入国家机关、外企和其他现代化企业的培训日程。适量参加这些拓展训练，有利于体验团队的伟大力量，增强团队成员的责任心与参与意识，树立相互配合、相互支持的团队精神和群体合作意识。

二、组织策划团队训练

团队一旦建立起来，就应该努力提高团队的凝聚力。精心组织策划一些活动，可以迅速增加团队成员的信任感、责任感，增进相互之间的了解，为团队合作创设良好的氛围。团队训练不在乎场面大小，花费多少，但一定要精心组织，全员参与。以下是团队活动中常用的几个热身游戏。

1. 猜猜我是谁

游戏规则：请每人拿出一张纸，在上面写出自己的特点，但是不能透露个人信息，要求简洁，并在最后写上自己的名字。然后裁判依次读出纸条，让大家猜猜是谁。

游戏意义：考察团队之间的默契程度，增强成员之间的沟通与了解。

2. 瞎子背瘸子

游戏规则：当场选六个人，三男三女。男生背女生，男生当“瞎子”，蒙住眼睛，女生扮“瘸子”，为“瞎子”指路，绕过路障，到达终点，所用时间最少的一组获胜（路上可以设置路障）。

游戏意义：沟通配合能力，活跃气氛。

3. 拥挤的公交车

游戏规则：6个人一组，用胶带把三张报纸连成圆筒，比赛人员进入圆筒内跑到目标再折回，然后传给下一个人，进行接力赛。如果报纸破裂，纸筒内的人要当场把报纸用胶带贴好。最快的一组获胜。

游戏意义：锻炼个人反应灵敏度和团队指挥协作能力。

4. 瞎子喂食

游戏规则：选择六个人，三个人一组，其中两个人蒙上双眼，用筷子互相喂对方食物，剩下的那个人负责指挥。

游戏意义：考验和培养成员之间的默契度。

5. 扮时钟

游戏规则：A. 在白板或墙壁上画一个大的时钟模型，将时钟的刻度标识出来；B. 找三个人分别扮演时钟的秒针、分针和时针，手上拿着三种长度不一的棍子或其他道具（代表时钟的指针）在时钟前面站成一纵列（注意是背向白板或墙壁，扮演者看不到时钟模型）；C. 主持人任意说出一个时刻，如现在是3时45分15秒，要三个扮演者迅速地将代表指针的道具指向正确的位置，指示错误或指示慢的人受罚；D. 可重复玩多次，亦可有一个人同时扮演时钟的分针和时针，训练表演者的判断力和反应能力。

游戏意义：活跃气氛，同时训练个人反应能力。

课堂训练

班级活动需要营造统一性，请各组讨论并设计班歌、班服、班级统一口号等。

小组活动

按照小组讨论的班级活动的最佳方案，组织一次班级活动。请大家记录活动的过程和感受。

思考题

1．近期你所参与过的团队活动有哪些？

2．你最喜欢什么样的团队活动？为什么？

3．你最喜欢跟什么样的人一起做事？

单元 4　信息处理能力训练

4

模块 1　调查报告与分析

案例分享

大学生兼职调查报告

为了更深入了解在校大学生兼职情况，大二现代物流专业的三位学生组成调查小组，针对本校学生兼职情况进行调查。此次问卷调查，共有 11 道题目，他们抽样发放问卷 40 份，收回 40 份，回收率 100%。通过本次调查，他们的分析报告如下。

一、大学生获取兼职信息的方式

调查结果显示：52.5%的学生自己寻找兼职，其中男生占 58.7%，女生占 41.3%；25%的学生通过中介机构寻找兼职，其中男生占 35.5%，女生占 64.5%；12.5%的同学通过学校的兼职协会寻找兼职；另外，10%的同学通过网上或学校的广告寻找兼职。调查还发现，90%以上的同学乐意通过学校的兼职社团、学校勤工助学部门寻找兼职。在调查学校有没有必要成立专门的兼职指导机构时，82.5%的同学认为非常有必要，因为只有这样才能保证同学们在丰富自己的课余生活的同时确保兼职的安全。

二、大学生兼职工作种类的特点

调查结果显示：仅 7.5%的同学做过家教而且全部是大学二年级的同学，

50%的同学做过促销，40%的同学发过传单，而像礼仪、家政、餐饮、校园代理等工作做过的同学非常少。另外，从年级来看，一年级、二年级、三年级分别有 23.1%、56.25%、72.7%的同学做过促销，分别有 30.8%、37.5%、54.5%的同学发过传单，分别有 23.1%、18.75%、18.2%的同学做过校园代理。

三、大学生兼职的原因

大约 87.5%的同学是为了提前接触社会，锻炼自己，可以了解当前各个行业的发展方向，根据自己的实际情况即时调整自己的学习方向和侧重点，可以积累一些社会工作经验，为以后的就业和发展增加筹码。70%的同学是为了减轻家里的经济负担，同时补贴自己；30%的同学认为可以多认识一些朋友，提高自己的交际能力和范围，为以后自己创业积累人脉。而仅仅有 2.5%的同学则觉得自己可以早点为社会作一点贡献。另外，也有部分同学认为可以锻炼自己的抗压能力。

四、大学生对兼职工作的看法

不论从性别还是从年级来看，均有 90%以上的同学认为兼职对学习有一定的影响，57.5%同学觉得薪酬可以视情况而定，40%的同学把薪酬看得很重要，仅有 2.5%的同学认为薪酬不重要。由此可见，大部分同学还是比较看重兼职工作能够锻炼人的意志、品质、待人接物的方式方法等内容。作为当代的大学生，有很多同学渴望利用假期多做些兼职，以便为以后工作提前做好准备。

五、从事兼职与学习之间的关系

至于如何协调兼职和学习的关系，在被调查学生中，在“你是否利用上课时间去做兼职”这道题上，7.5%的学生选择有过，但是次数不多，92.5%的学生则选择了没有。可见为了兼职而去翘课的情况还是存在，看来如何协调好兼职与翘课的关系不容忽视。兼职本身并没有错，关键看如何去把握。只有正确处理好学习与兼职的关系，才能使兼职的效用发挥到最大。机遇在于把握，前提是要有创新意识，敢于尝试，学习与兼职的统一，需要找好两者的平衡点，多尝试能够锻炼能力、实践知识的兼职。

六、兼职过程中遇到的问题和处理方法

从年级来看，一年级有 84.6%的同学在兼职过程中遇到过困难，二年级有

81.25%的同学在兼职过程中遇到过困难，三年级有54.5%的同学在兼职过程中遇到过困难，超过77.5%的同学在兼职过程中遇到过困难，少数同学从未遇到过困难。所遇到的困难当中，基本不包括性别歧视。而有部分同学认为引起兼职困难的原因是自身能力不佳，也有不少同学认为是由于用人单位过于刁钻。遇到困难时，82.5%的同学会自己积极想方设法解决，5%的同学忍气吞声，自认倒霉，还有极少数同学会不知所措。

七、几点建议（略）

通过这次调查，三位大学生开阔了视野，增长了见识，受到老师同学们的认可，他们的调查报告经老师推荐，发表在学院的杂志上。

知识视窗

一、信息的含义

信息，指音讯、消息，是一个抽象概念，很难用统一的文字对其进行定义，这是由于其具体表现形式的多样性造成的。信息可以泛指人类社会传播的一切内容，人类通过获得、识别自然界和社会的不同信息来认识、区别不同的事物，逐步认识和改造世界。

信息并非新事物，它本来就广泛存在于自然与社会之中。古人日出而作、日落而息，正是依靠太阳东升西落带来的信息确定时间；南雁告春，是动物带来了春天的信息；一叶知秋，是植物送来了秋天的信息。我们坐在教室里学习，与亲友、朋友们通信，是传递亲情和友情；我们看电影、电视，也是在接受信息。

那么，到底什么才是信息呢？我们可以从生活的层面进行总结。

第一，生活中的消息、新闻、报道、资料、情报都是一种信息。

第二，生活中，我们通过感官所感觉到的一切事物都是信息。

第三，我们所掌握的知识也是一种信息，是经过人们提炼、加工、系统化了的信息。

信息在社会生活中已占据了重要地位，人们的生活、学习、工作都离不开它。谁掌握信息技术这一有力“武器”，谁就掌握了未来。

二、调查报告的含义

调查报告是我们对某项工作、某个事件或者某个问题，采用科学、规范的途径进行深入、细致调查以后，将调查中收集到的材料和信息进行系统的整理，并深入分析研究，以书面形式向组织和领导汇报调查情况的一种文书。调查报告有以下几个特点：①写实性，调查报告是在占有大量现实和历史资料的基础上，用叙述性的语言实事求是地反映某一客观事物；②针对性，调查报告一般有比较明确的意向，相关的调查取证都是针对和围绕某一综合性或是专题性问题展开的；③逻辑性，调查报告离不开确凿的事实，但又不是材料的机械堆砌，而是对核实无误的数据和事实进行严密的逻辑论证。

三、调查报告写作要点

调查报告是记载调查成果的书面报告。它是经历了调查、研究、整理成文三个环节才最终形成的书面材料。

按调查报告的性质和内容，一般可以划分为综合调查报告、典型调查报告和专案调查报告三类。

调查报告的结构严谨，一般由标题、前言、主体和结尾四个部分组成。

1. 标题

调查报告的标题有两种形式。

一种是双标题，即把调查报告的主要观点做正标题，再用副标题补充说明调查的内容，如《不要让子孙后代埋怨我们——关于河流污染情况的调查》。

另一种是单标题，即只有一个正标题。这类标题可以是公文式标题，写明调查的内容、范围、文种，如《大学生兼职调查报告》；也可以采用一般文章式标题，如《永嘉假广告沉浮录》；还可以采用提问式标题，如《孩子喜欢怎样的妈妈》。

2．前言

前言的写法灵活多样，可以说明调查的目的、对象、经过、时间、方式、方法、结果等，可以交代调查对象的基本情况或基本经验，还可以像新闻的导语一样，提示全篇文章的主要内容，使读者形成总的形象，迅速把握全文。

3．主体

主体是调查报告的核心，要对调查得来的具体情况进行叙述和评价。不同类型的调查报告主体部分的写法有所不同。

反映情况的调查报告，主体部分一般重点介绍对象的现状和发展趋势，指出存在的问题。

总结典型经验的调查报告，主体部分要详细介绍典型的具体做法和主要经验，以利于人们借鉴学习。

揭露问题的调查报告，主体部分则着重分析形成问题的原因，以及问题的严重性和危害性。

市场调查的主体部分与其他调查报告有较大的不同，它一般包括三部分内容。

一是市场状况，即概括地介绍调查所掌握的情况。

二是分析预测，即对市场的情况进行具体分析预测。

三是建议措施，即在市场调查和预测的基础上，提出相应的建议与措施。

由于主体部分内容较多，为了使文章结构条理井然，常采用以下三种安排结构的方式；一是纵式结构，即按事物发生、发展的先后顺序，层层分析说明问题，循迹追踪，揭示事物的内在规律；二是横式结构，即按从调查报告中归纳出来的重要经验或规律安排层次，把主体分为几个问题写，并把每一层次都标上小标题；三是综合式结构，即把纵式结构和横式结构结合起来。

4．结尾

调查报告的结尾要求简洁，有的总结全文，深化主题；有的提出希望，展望未来；有的做出结论，指明方向；市场调查报告则会提出建议和措施。

调查报告的落款要写明调查者的单位名称和个人姓名，以及完稿时间。

如果标题下面已注明调查者，则落款时可省略。

课堂训练

请你选择以下内容，写调查报告。

1. 校园里存在一些贫富悬殊的现象。一部分同学家境困难，为了完成学业，他们精打细算，把消费控制在最低水平；一部分同学追求享受，出手大方，不但手机更新换代很快，而且每逢生日、节日、纪念日就下馆子，进 KTV。请对同学的消费水平进行详细调查，并写出调查报告。

2. 你所就读的专业就业的现状及其发展前景怎样？请你调查后形成报告。

3. “低碳”成为现代流行的一个名词，在生活中人们是怎样进行“低碳生活”的，请你调查后形成调查报告。

小组活动

各小组针对成员的调查报告进行讨论，任选一个主题进行汇总，并做成幻灯片，要求在全班面前讲解演示。每小组派出一个代表与教师组成评委组，共同对每一个小组的汇报做出评价。评分标准有：文体正确，内容充实（50 分）；演示仪态和表情自然（20 分）；语言表达清晰、普通话标准（20 分）；演示过程完整（10 分）。

思考题

1. 信息有哪些种类？各有哪些特点？

2．你最喜欢选择什么样的获取信息的途径？为什么？

3．假设你要采访一位你的偶像，你打算采访哪五个问题？

模块2　基础写作及文字资料整理

案例分享

小王的简历

小王最害怕写文章，也不喜欢看书、阅读资料。他喜欢玩游戏或者看网络小说，他用手机下载网络小说，每晚十一点钟学校断网以后，他就用手机看小说。就这样，小王度过了两年校园生活。临近毕业时，小王的老师布置作业，每位同学需要制作一份具有个性的求职简历。

小王想来想去，还是到网络上寻求帮助吧。他到求职网站上下载一份简历模板，按照要求填写了相关内容，跟同学们一起交给了老师。没想到，老师做了批复：缺乏个性。

缺乏个性？简历还要个性吗？大家都在网上下载，如何个性呢？小王无法理解，也不服气。

老师在班里选择几份具有个性的简历，小王看过后，深感惭愧。有的同学居然用手写简历，非常工整美观；有的同学详细记录自己的社会实践经历和感悟；有的同学的个人评价极具特色。而小王的简历呢？寥寥数笔、内容空洞，缺乏个性。

小王不重视平时的写作训练，不重视看书和阅读，也不重视平日里与他人交流，他获取的信息基本上通过影像和网络小说情节，具有非常大的局限性。

想一想 你是否会成为下一个小王？

知识视窗

一、计划的写作要点

计划是国家机关、企事业单位、社会团体以及个人，对未来一定时期的任务提出具体要求，规定明确目标，制定相应措施，做出切实安排的应用文。

计划的写法没有固定的格式，既可以采用文字叙述的方式，也可以采用条文或表格的方式，还可以采用条文表格综合式、文件式。

计划一般由标题、正文和落款三部分组成。

1. 标题的4种写法

（1）**完整式标题** 单位名称＋时间期限＋内容范围＋文种，例如《某技师学院2013年度教学改革计划》。

（2）**省略单位名称** 一般限于本单位使用，例如《2013年度教学改革计划》。

（3）**省略时限** 单位名称＋内容范围＋文种，例如《某技师学院教学改革计划》。

（4）**省略单位名称和时限** 内容范围＋文种，例如《业务考核计划》。

如果计划尚未定稿，应在标题之后加括号写上“草稿”“征求意见稿”

“草案”“初稿”或“讨论稿”等。

2．正文

正文一般分为以下三部分。

（1）**前言** 简要说明制订计划的背景、目的要求、指导思想、理论或事实依据，这是写作计划的立足点和出发点。前言部分的篇幅不要太长，如中长期的计划可以多说一些，年度工作计划或专项工作计划用几句话交代一下依据就行，内容简单的计划甚至可以省略这一部分。总之，前言部分让人阅读后知道这个规划、计划是有依据的，不是凭空写的。

（2）**主体部分** 这是计划文书的核心，要讲清以下“三要素”。

1）**任务和目标（做什么）**，即计划所要达到的目标。它回答“做什么”的问题，是计划的灵魂，任何计划都必须写清楚任务和要求。要做到目标明确，还要对总体目标（总任务）进行必要的分解，分解为具体目标、要求，形成一个目标体系。

2）**实施步骤（何时做）**，即实施计划的时间安排和行动程序，是对达到目标的具体进程的展示。

3）**具体措施（怎么做）**，是为完成任务而采取的具体办法，是完成计划的保证。措施要围绕目标的实现来制订，要做到切实可行。

（3）**结尾** 计划的结语。提出注意事项，强调工作的重点和主要环节，或展望前景，提出希望和号召。有的计划没有单独的结尾。

3．落款

落款就是署名及日期。

二、总结的写作要点

总结是对本人、本单位或本地区某一时期的工作实践经验进行分析、整理、概括，从中找出规律，用以推动工作的一种应用文体。

总结所要解决和回答的，是在某一时期的工作中已经做了什么，如何做的，做到了什么程度，有什么经验教训的问题。

总结一般由标题、正文和落款三部分组成。

总结的标题常见形式有以下三种。

（1）**公文式标题** 多用于综合性总结，由单位名称、时限、事由、文种构成，如《×××公司关于××××年度的工作总结》。

（2）**文章式标题** 多用于专题总结，即概括文章的内容或基本观点的标题。标题中不出现文种“总结”两字，如《股份制使企业走上成功之路》。

（3）**双标题** 这种标题的正题揭示主题或概括经验体会，副题标明单位、时限、事由和文种等，如《群策群力创佳绩——××学校第九届艺术节总结》。

总结正文的结构一般由前言、主体、结束语和落款组成。

1．前言

即正文的开头，一般简明扼要地概述基本情况，交代背景，点明主旨或说明成绩，为主体内容的展开做必要的铺垫。前言要求用语精练，全面概括。

2．主体

主体是总结的主要内容（可用小标题，也可不用）。一般有以下两个方面的内容。

（1）**基本做法、成绩和经验** 在什么思想指导下，做了哪些工作，采取了哪些措施，取得了哪些成绩，主客观原因是什么，有哪些体会。成绩、做法是基础材料，经验体会是重点。

（2）**问题与教训** 写工作中存在的问题与不足，不同的总结可以有不同的侧重。反映问题的总结，此部分重点分析其主客观原因，及由此得出的教训；典型经验总结，这部分可不写，也可以把这部分内容合并到“努力方向”中去写；常规工作总结，则概括写存在的主要问题。

3．结束语

即今后工作努力的方向，这部分内容需写得简单明了，具有针对性和鼓动性。

4．落款

包括署名和日期。单位或个人总结的署名，或写于标题中和标题下，或写在正文结束语的右下方。

课堂训练

制订社会实践活动计划。

一、搜集有效信息

以小组为单位，请各小组成员充分依靠媒体、利用互联网等，也可以密切联系家人、朋友、老师和同学等社会资源，确定实践活动的主题。

小组讨论：什么样的实践活动比较有意义？

二、制订活动计划

小组讨论：活动的具体内容是什么？有哪些实施的方法？

小组活动

一、学习情况汇报

请各小组成员汇报《职业核心能力基础训练》（本课程）的学习情况。遇到哪些困难？怎样克服？有哪些收获？

二、写作学习总结

根据小组讨论情况，进行个人书面总结。

思考题

1．计划写作有哪些要点？

2．你认为总结最关键的内容是什么？

模块 3　信息搜集与处理

案例分享

网络求职防陷阱

毕业生小彭同学很希望上网求职，临近毕业的时候，他在职业指导老师

的指导下，精心地制作了简历，并且把简历挂到了一个求职网上。三天以后，自称是一家外地公司的负责人“刘经理”用手机通知小彭：“你明天就来面试吧。”当小彭仔细地询问一些问题的时候，他发现了问题：首先，对方告知的工资待遇很高（试用期 5500 元/月）；其次，有关公司业务范围和有关工作的其他信息非常有限；再次，公司居然没有固定的电话。

小彭来找职业指导老师，老师亲自拨通了那部手机的号码：“你好！请问是刘经理吗？我是一位职业指导教师，现在有几位学生想到贵公司去面试，请问贵公司具体的地址在哪儿呢？”

对方支支吾吾：“哦，不好意思，我现在在外面，我还有点事情要办，等我跟我们的老总沟通一下再通知你吧。”

结果可想而知，小彭和他的老师再没有接到那位所谓的刘经理的电话。但是后来小彭告诉职业指导老师，自己的同班同学也接到这位刘经理的电话，但这位同学没有询问别人的意见，独自前往，结果那是一个销售“低成本，高售价”化妆品的窝点。

知识视窗

一、信息的特征

讲到信息，我们不得不提到信息的特征。信息具有可传递性这最为明显的特征，除此之外，信息还有价值性、时效性、载体依附性、可伪性等特征。

信息具有价值性。美国沃尔玛超市建立数据仓库，按周期统计产品的销售信息，经过科学建模后提炼决策层数据。结果发现：周末啤酒和尿布的销量很大，而且单张发票中同时购买尿布和啤酒的记录非常普遍。分析人员经过深入分析得知，通常周末购买尿布的是男士，他们在完成了太太交给的任务后，经常会顺便买一些啤酒。得出这样的结果后，工作人员便尝试将啤酒和尿布摆放在一起销售，结果，尿布和啤酒的销售额双双增长。

信息具有很强的时效性，过时的信息就是老黄历，毫无价值。

信息具有可传递性。古代有结绳记事、烽火传讯、击鼓传信、飞鸽传书等，现代有广播、报纸、电视、电话、移动通信设备、电脑、传真机、雷达、卫星、互联网等。

信息具有载体依附性，即信息需要依附在一定的载体上存在，并且同一信息可以有不同的载体。

信息还具有可伪性特征。信息虽然普遍存在，但也有真假之分，如“手机中奖短信”“虚假广告”等。

二、信息搜集的基本方法

信息搜集的方法有：观察法、问卷法、阅读法、收听法、询访法、索取法、网络法、量表法、交换法、检索法等，各种方法的运用主要取决于信息收集对象的特点。要求真实性强的信息需要采取观察法、收听法、询访法等，需要精确的信息可以选择量表法、问卷法、检索法等。有些信息搜集方法需要付费，可以采取索取法、网络法、交换法等。为了信息的准确性，我们常常需要选择多种方法相互印证，细致分析。

课堂训练

请你通过合理的途径，搜索近期恐怖分子制造恐怖事件的手段，寻求应对的办法，要求讲出获得该信息的途径和方法。

恐怖事件描述	制造恐怖事件的手段	应对办法

小组活动

每组通过合理的途径，搜集一些利用误导信息骗人的实例，要求讲出获得该信息的途径和方法。

思考题

1．你喜欢采取哪些信息搜集方法？

2．你如何判断信息的准确性？

单元5　解决问题的能力训练

5

模块1　执行力培养

案例分享

调皮的李飞

某职校学生李飞在学校时，经常调皮捣蛋，被人戏称“调皮李”。第一年暑假，李飞经学校安排、推荐，到某运输公司参加汽车维修实习。这天下午，李飞不按要求操作，违反作业规则，擅自横穿试车道，恰巧实习单位的驾驶员正在倒车，李飞被撞伤，背部伤势严重。实习单位的驾驶员因为紧急避险，造成车辆损毁。

单位师傅们首先采取积极救助的方法，让李飞仰卧在硬木板上送往医院救治。两个月后李飞终于出院，但因“日常生活有关的活动能力严重受限”，被司法鉴定中心确认为七级伤残。李飞和家人要求公司按照工伤事故做出相应的赔偿。

公司以其与李飞之间不存在劳动关系为由，不同意李飞为工伤。经理说：“驾驶员倒车是符合操作规范的，李飞受伤是自己调皮捣蛋、违反操作规程造成的。要说有责任，也是他本人或学校的责任。学校应负责教育好自己的学生。我们公司完全没有责任，况且因为他个人的缘故，造成公司的车辆损毁。”校方则认为：“李飞是在公司工作时受的伤，学校并非侵权行为人，因而没有赔偿的义务。”三方争论不休，只好诉诸法律。经过法院调查，李飞的工伤要求，法院不予支持。李飞的家长实在想不通：尽管孩子调皮，但毕竟年幼无知，还是个学生啊，总得有人为这件事情负责任啊！

李飞虽然调皮，但他的沟通能力很强，可他无视操作规范，执行力差，给公司造成损失，给自己带来伤害。值得深思！

请记住，在学校学习期间，就应该严格按照规范做事，服从要求，努力完成任务！

知识视窗

执行力指的是贯彻战略意图，完成预定目标的操作能力，是把企业战略、规划转化成为效益、成果的关键。执行力包含完成任务的意愿，完成任务的能力，完成任务的程度。对个人而言执行力就是办事能力；对团队而言执行力就是战斗力；对企业而言执行力就是经营能力。对我们个人而言，执行力可以具体表现在以下几个方面。

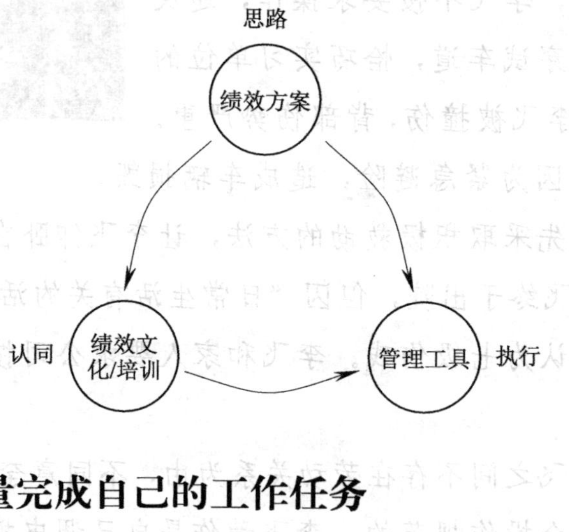

一、按质按量完成自己的工作任务

不管处于什么位置，每个人都应该想办法做到这一点，千万不能做一天和尚撞一天钟，消极怠工，没有尽到自己的岗位职责，执行力比较差。一个成功的人就是要确立目标，不顾一切地去追求目标，充分发挥集体的智慧和力量，最终去完成任务，取得成功。下定决心，以热情、尽责的态度去对待每一项工作。

二、没有任何借口

没有任何借口可以成为执行力的重要体现。西点军校的学员们的执行力是如此的惊人，才能使这所学校长盛不衰。学员们无条件地服从军官的任何一个指令，视服从为一种美德，这才提高了他们的执行力，才使每一项任务完美地完成。而这种服从就是执行力的体现，这也许正是我们最缺少的职业素质。在工作中没有完成任务是没有借口可言的，即使你有再充分的理由也无法改变执行力差的事实。一个成功的人是不会随随便便寻找任何借口的，他们会执意坚持地完成每一项简单或复杂的任务。

没有任何借口是对自己负责的一种表现。对自己负责，才能对工作、对公司、对社会负责。

在美国西点军校，不管什么时候遇到学长或军官问话，只能有四种回答："'报告长官，是'；'报告长官，不是'；'报告长官，没有任何借口'；'报告长官，我不知道'。"除此之外，不能多说一个字。

有位长官曾经问一位新学员："你为什么不把鞋擦亮？"，学员回答："哦，鞋脏了，我没时间擦。"这样的回答得到的只能是一顿训斥。因为军官要的只是结果，而不是喋喋不休、长篇大论的辩解。

"没有任何借口"是西点军校奉行的最重要的行为准则，它强化的是每一位学员想尽办法去完成任何一项任务，而不是为没有完成任务去寻找任何借口，哪怕看似合理的借口。其目的是为了让学员学会适应压力，培养他们不达目的不罢休的毅力。它让每一个学员懂得：工作中是没有任何借口的，失败是没有任何借口的，人生也没有任何借口。

喜欢找借口的人，往往会成为借口的最大受害者，因为他不为自己生命中的任何事情负责，只会责怪别人，把所有的责任都推到别人身上。

想一想

你无法为自己负责，怎么指望别人对你负责？

三、注重每一个细节

任何一个细节的疏忽都有可能导致你在竞争中失败。每项工作的成败不仅仅取决于计划，更在于执行。如果执行得不好，那么再好的计划也只能是纸上谈兵。只有执行得好，才能完美地体现设计的精妙。而在执行过程中最重要的是细节。执行一个任务，光抓住重点是不够的，必须从细节等小的方面抓起。

课堂训练

你所在的社团要举行一次会议，请你根据下面的要求，做好相关准备并记录下工作要点。

1）考虑清楚是否一定要开这个会，不开会有没有其他办法解决问题。

2）如果一定要开会才能解决问题，请思考会议的议题是什么。

3）考虑是否已针对议题拟好了初稿，并在会议前已给相关人士传阅，且提出意见。

4）考虑会议要请哪些人出席，思考在什么时间大家能同时参与，用多长时间能达成一致，在什么地点合适（因为会议是有成本的，越多人与会，意味着同一时间很多人要停止产出，因此，要做到精打细算）。

5）会议所需的文稿、设备等是否都准备妥当。

6）会议的通知是不是传达到了每一位与会者。

7）是否对会场进行了检查和布置。

8）是否选好了主持人，并对他提出要求，考虑他是否能控制时间、节奏、气氛、效果。

9）对会议中可能产生的意外情况是否有预计及干预方案，如重要人物缺席，意见分歧较大等。

10）会议按计划进行，会中是否安排了人员记录、协助会场。

11）会后，是否及时整理了会议记录及会议纪要，是否发到了应该知晓会议内容的每个人手中或邮箱里。

12）有没有安排人员检查会议形成的决定是否在要求的时间里得到落实。

工作要点记录：

小组活动

以宿舍或学习小组为单位讨论卫生值日制度和文明作息制度，或者其他需要解决问题的制度等，并对小组成员的执行力进行考核。考核内容包括三个方面："面对问题的态度""处理问题的方式"和"问题解决的品质"。

1．面对问题的态度（是否愿意面对自己所面临的任务和问题）。

2．处理问题的方式（是否提出合理化建议）。

3．问题解决的品质（是否能够按照要求执行任务和解决问题）。

思考题

1．你在执行任务的时候，遭遇的最大障碍可能是什么？

2．你认为考核执行力最关键的因素有哪些？

模块2 问题分析及应对方案

案例分享

班级活动

晓婷是二年级某班的班长，班主任建议她充分征求同学们的意见，举行一次班级活动。晓婷私底下找同学们商议，看看大家有什么好主意。可是大家的主意实在太多了，晓婷一时间没了主意。她决定召开一次班委会议，确定活动方案。通过讨论，拟定了两套活动方案：一套方案是到学校所在城市的著名景点游玩；另一套方案是参观学校附近的科学馆。她把两套方案拿到班级会议上讨论，征询大家的意见。可是，事与愿违，大家的意见依然不能统一，晓婷彻底没有了主意。晓婷心里觉得委屈，她认为同学们不关心班集体，对班级活动不热情。

晓婷的班主任并不赞同晓婷的观点，他认为大家由于太珍惜集体活动了，所以都希望选择一套更合理的方案。班主任建议各宿舍讨论一套活动方案，由班主任主持班级会议，各宿舍拿出各自的方案进行PK。最终大家很愉快地选择了一套活动方案，非常成功地举行了班级活动。

大家在总结这次活动的时候都纷纷表示：去哪里搞活动不重要，只要大家在一起，留下青春的倩影，留住美好的回忆就可以了！

知识视窗

一、分析问题的“5W1H法”

实际上，问题无所不有、无所不在。问题是指在目标确定的情况下却不明确达到目标的途径或手段。遭遇问题以后，有的人会产生畏难情绪，进而放弃原有的目标；有的人则越战越勇，努力寻求解决问题的途径。遇到问题，应该积极地分析问题，收集信息，寻求解决的办法。在搜集信息时，可以采用“5W1H法”对问题进行准确的描述。

WHAT　　发生了什么事？

WHEN　　什么时候发生的？

WHERE　　地点在哪里？

WHO　　哪些人与之有关？

WHY　　为什么会发生？

HOW　　怎么样？多少？多严重？感受？

通过以上的“5W1H 法”达到三个目标：搜集信息，描述问题；描述问题特征；明确问题的目标状态等，为我们最终解决问题提供思路。

既然问题不可避免，随时随地出现，那么我们是否能够转换一种思维模式？不要惧怕任何问题，因为害怕毫无意义，关键是努力寻找解决问题的办法，始终相信，办法比问题多得多。

二、提升对问题的辨别能力

1．不要依赖习惯性的思想来源

需要考虑问题的时候，不要习惯性地去计算机或者去图书馆里寻求答案，不妨先自己想一想，以增加自己独立思考的机会。这样做不是为了标新立异，而是为了尝试以一种新的标准来看问题，虽然有些费神，但对个人的成长是有利的，对促进个人的辨别能力有帮助。

2．给自己设置矛盾的观点

尝试养成本能的质疑习惯性观点的习惯，经常给自己设置矛盾的观点。不要认为有什么观点是绝对正确的，不要认为自己的判断总是准确无误的，大胆地进行质疑吧。当然质疑不是去钻牛角尖，而是积极主动寻找那些与自己的观点不一致的思想，这些思想可能存在于外国文化或者不寻常的亚文化当中，或者在我们原本并不赞同的某些观点或者某些书籍里，或者在其他我们平时并不关注的人身上，这些新颖的观点对我们创新性地解决问题有很大的帮助。

3. 用第三只眼睛看问题

要学会从另一个角度看问题，换一个角度观察生活。经常提醒自己跳出自我，静静地思考一下："我的行为和动机正确吗？我的行为过程中是否存在错误？应该采取什么办法去纠正自己的错误？问题的关键点在哪里？"

4. 把生活圈随机化

不要总是遵循那些固有的条条框框，不要总去相同的场所，吃相同的食物，与相同的人谈天，我们可以积极地追寻新的经历。虽然这些习惯性的东西带给我们安全感，但这样机械地生活没有什么乐趣，不会给予我们创新的机会，只能让我们墨守成规，故步自封。

大自然非常神奇，生活常识是我们进行思维的基础。我们要尊重生活，尊重自然，透过现象去看事物的本质。大胆地走出去吧，朝前走，才能让自己每个明天比今天走得更远！

5. 善于积累学识

所有的能力都不是与生俱来的，即使有天赋，也需要后天的努力与不断的积累。我们可以通过很多途径学习逻辑思维的方法，如数学、物理、哲学等学科，教会我们推理、演绎、归纳与总结等逻辑思维方法；我们通过实践活动，可以锻炼做事能力。因此，多读书，多学习，多实践，多积累，才能厚积薄发。

在积累的时候，有好的想法，有灵感，应该随时把它们记录下来，只停留在脑袋中进行想象，思考较容易出现偏差，甚至会瞬间消失掉。记录多了，你拥有的方法就多了。

在《中国高技能人才楷模》一书中，记录了"航标灯王"郑启湘从修灯、改灯到发明灯，走过一条生命不息、创新不止的道路的事迹。

20 世纪 70 年代，郑启湘从部队复员到当时的洪湖航道处做航标灯修理工的时候，长江航道使用的是铁制航标灯，这种灯体积笨重，亮度低，经常出故障，航道工人要日夜在江面上巡查，不仅辛苦，而且危险。郑启湘萌发了研制一种既轻便又耐用的航标灯的想法。经过长时间的钻研、攻关，1987 年他成功研制了一种塑料航标灯，一下子把航标灯的重量从三四十斤减轻到不到十斤。为了实现“研制世界最先进航标灯”的理想，他工作在最艰苦、最漂泊不定的岗位上，但他善于积累，特别细致地记录了自己在工作中发现的问题，记录下自己的创新灵感。经过 30 多年潜心钻研，从材质创新到新型光源应用，他完成航标灯技术革新 20 多项，其中 7 项技术获国家专利，6 项成果获国家优秀奖，为国家节省经费上千万元。

课堂训练

学校为了规范学生使用手机的行为，规定上课不准玩手机，但此规定一直无法执行下去。请你认真思考，探寻问题的根源，完成“有关规范学生使用手机行为的若干建议”。

5W1H 法	问题分析	应对策略
WHAT		
WHEN		
WHERE		
WHO		
WHY		
HOW		

小组活动

请分组讨论“有关规范学生使用手机行为的若干建议”，各组展示讨论结果，并将大家的意见集合，向学校领导提出具体的建议。

思考题

1．学校领导对建议的评价如何？

2. 本次活动给你的主要启发是什么？

模块3　解决问题的方法

案例分享

爱面子的小张

小张毕业以后找到一份专业对口的工作，她很满意自己的工作状态。然而，好景不长，棘手的问题来了。有一天，董事长找到小张，亲切地问她："小张，你的主管表扬你工作积极主动。我想让你做一份改进销售业绩的策划书，你看能否下星期一给我？"

小张感到受宠若惊，连忙回答："没问题。"

完成一份策划书，完全在小张的能力范围之内。可是，小张刚来公司不久，对公司销售情况并不了解，手头上连最基本的数据都没有，董事长又没有告诉她如何获取必要的资料和数据。小张真的开始犯难了，但她实在不愿意失去"面子"，决定先拖延几天。

稀里糊涂地，星期一就到了。董事长问小张要策划书，小张支支吾吾地说："对不起，我还没有完成。"

"为什么没完成啊？"

"我手头上没有相关的资料和数据。"

董事长摇了摇头，沉默一分钟后，他语重心长地说："小张啊，你欣然接受了任务，这很好，但你没有认真寻找完成任务的办法，你没有问我要资料，也没有去销售部门了解情况。"

小张很惭愧，连声说："对不起，对不起。"

董事长显然无可奈何，他对小张说："对不起毫无意义，你这两天加班加点完成任务吧，后天早上把策划书交给我，好吧？”

小张接受了任务，寻思着完成任务的途径。

想一想 两天内，她该如何完成任务呢？

知识视窗

张大均教授在《教育心理学》一书中明确提出，问题解决（Problem-Solving）就是要把问题的给定状态转化为目标状态。在问题解决的过程中，为了达到特定的目标，人们会运用既有的知识、经验、技能，借助于各种思维活动和行动来处理问题，使问题得以解决。问题解决的过程非常复杂，它包括整个认识过程、情绪和意志过程，其中关键性的便是人的思维活动。

问题解决能力（Problem-Solving Ability）就是一种面对问题的习惯和处理问题的能力。这种能力体现在：一个人在遇到问题时，能自主地、主动地谋求解决问题的方法，能有规划、有方法、有步骤、积极主动地处理问题，并能适宜地、合理地、有效地解决问题。

一般地，拥有一个共同而明确的目标，对于任何团队来说都非常重要。在实践过程中，可能会有不同的因素妨碍我们解决问题。例如，生产部门生产的产品，销售部门发现销售不畅，该如何解决？组织内部的等级制可能使老板和下属之间沟通不畅，造成摩擦和误解，下属抱怨老板根本不理解他们的难处，而老板对下属的漠然和无动于衷也颇有微词，应该怎么办？

显而易见，拥有明确的目标，全力合作、群策群力，才能寻找出最好的解决问题的办法。

一、经验借鉴法

经验借鉴法是在分析遇到的问题的时候，需要了解他人有没有遇到过类似的情况，如果有，你可以主动请教，所谓以他山之石解决自身的问题。

人类社会的发展离不开传承，每个人的成长离不开积累，遇到的新问题往往归根到底都是由于经验不足、经历太少的原因。如果能够大胆实践和总结，积累丰富的经验，如果能够敞开心怀，虚心学习，问题不会成为难题。在生活、工作中，需要采取经验借鉴法的时候，应该遵循以下原则。

1. 摆正自己的态度

一定要虚心而且要有耐心，说话要把握分寸，向别人请教问题、借鉴经验时应该认真倾听，从中借鉴到自己要学的经验。

2. 把握时机

一定要等到合适的机会再请教，尽量不要在别人很忙的时候去打扰，寻找一个空闲的时间再去拜访，给别人预留一些时间。

3. 掌握分寸

虽然是请教借鉴别人的经验，但不能什么样的问题都问，更不能复制别人的经验，借鉴主要是分享别人做人、做事的经验，是为了自己的创新，千万不要为了偷懒，复制别人的经验，更不能为了一己私利，盗取别人的成果，触犯法律。

二、条件分析法

按照不同的分类方法，条件可以分为自然条件和社会条件，有利条件和不利条件，硬条件和软条件，现实条件和可能发生的条件，经济条件和非经济条件，物质条件和心理条件，可控条件和不可控条件，已知条件和未知条件，主观条件和客观条件等。每件事情都有其有利条件和不利条件，需要进行细致的比对和分析，最终找到解决问题的最佳途径。

每一种条件都是可以发生转变的，不利的条件有时候可能创造奇迹，有利的条件可能成为一种阻碍，关键看如何运用这些条件。

一个农夫有两个水罐，一个完好无损，一个有一条裂缝。农夫每次挑水，完好的水罐总能把水从远远的小溪运到主人家，而有裂缝的水罐回到主人家时往往只有半罐水。这使有裂缝的水罐感到无比痛苦和自卑。一天，它在小溪边对主人说："我为自己每次只能运送半罐水而感到惭愧。"农夫惊讶地说：

“难道你没有看见每次回家的路旁那些盛开的鲜花吗？这些花只长在你那一边，而并没有长在另一个水罐那边。因为我早就知道了你的裂缝，并且利用了它。我在你这一边撒下了花种，于是每天我们从小溪回来的时候，你就浇灌了它们。如今，这些鲜花已给我们一路上带来了许多美丽的风景。”

是啊，善于认识自身的优势，方能扬长避短，充分挖掘个人潜力，让自己绽放异彩。

三、创新性思维

我们提倡借鉴，但更提倡创新。有人说：创新就是生命，创新就是创金。其实一点不假，世界上本没有路，只是走的人多了，就变成了路。每一个成功者，他们都走了一条自己的路，一条创新的路。哪一次新科技的诞生不是创新的结果呢？所有的人都看到苹果掉地的现象，只有牛顿想到苹果掉地背后的原因，并想办法探究其中的奥秘，最终发现了万有引力。

一个暴风雨的傍晚，有一个穷人到一家富人处讨饭。“滚开！”富人家的仆人说：“不要来打搅我们。”穷人说：“只要让我进去，在你们的火炉上烤干衣服就行了。”仆人以为这不需要花费什么，就让他进去了。这个可怜人又请求富人家的厨娘给他一个小锅，以便他“煮点石头汤喝”。“石头汤？”厨娘想，“我想看看你怎样能用石头做成汤。”于是她就答应了。穷人于是到路上拣了几块石头洗净后放在锅里煮。“可是，你总得往石头汤里放点盐吧。”厨娘就给他一些盐，后来又找来一些豌豆、香菜等。最后，又把在饭桌上能够收到的碎肉末都放到了汤里。

我们可以想象到这个可怜的穷人后来将石头捞出来扔到路边，然后美美地喝上一锅汤。这个穷人物质生活看起来很贫乏，但他的思想却很丰富。我们每个人身上都有这种丰富的思想，别人可以学习，却永远无法掠夺！

刘建雄去年从某技校毕业，学的是数控专业，现就职于一家日资企业——××压铸有限公司。他主要从事产品检测管理工作。起初，刘建雄的工作台是一台日产的高精密度的三坐标测定仪，他虽然能够熟练操作仪器，但在各种奇形怪状的精密压铸产品测量中，还是经常碰见难题。有一次，刘建雄在测量一个产品时，要求精确到 0.001 丝米，而他却总是测不准。下班吃饭时，他还在仔细琢磨这个问题。后来，他决定采取反向测量法，果然解决了这个测量难题，受到了公司老总的赞许。

后来公司要挑选 5 名员工到日本学习，刘建雄经过多轮考核，最终被录取。他对前来采访他的记者说，公司老总要求技术管理人员不但自己要会做，还要动手指导别人如何做，提倡所有员工养成反传统的逆向思维习惯。刘建雄能够被选派出国学习，主要得益于他不同于一般同事的创新思维能力，遇到技术难题的时候，他能充分发挥自己的主观能动性，力求找出最佳途径解决问题。

课堂训练

请你根据本模块“案例分享”中的案例描述，协助小张完成工作任务。请你记录完成任务的主要过程。

____

____

____

小组活动

请各小组成员结合上一节训练问题，采用经验借鉴法和条件分析法修正“有关规范学生使用手机行为的若干建议”。

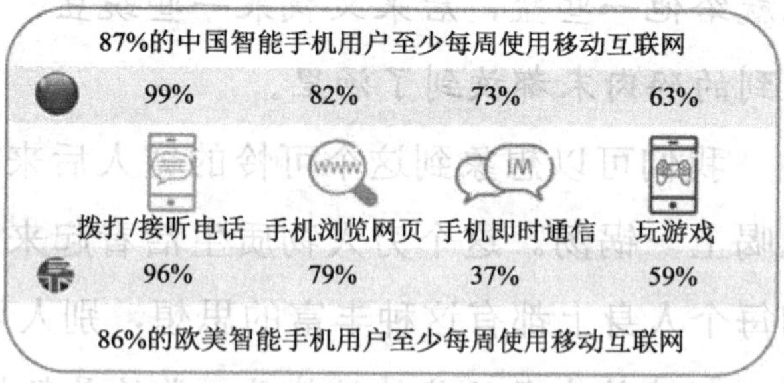

有关规范学生使用手机行为的若干建议的修正报告

小组名称：__________

所在班级：__________

提出建议日期：____________

修正建议日期：____________

修正的主要内容：

____

____

____

____

教师评价：

评价的标准	评价内容		
	不明显	明显	做得很好
是否清晰地描述了必要的因素？			
搜集信息的途径是否合理？			
是否探讨了不同的观点？			
对搜集的信息是否进行整合和解释？			
从技术水平来看，这篇总结报告是否写得很好？			

思考题

1．在修正报告中，是否准确描述和分析问题？

____

____

____

2．你是否掌握提出解决问题方案的基本方法？

____

____

____

单元6　抗压耐挫能力训练

6

模块1　压力及压力应对

案例分享

小陈的职业压力

小陈，男，21岁，家在农村，初中毕业后因家庭生活困难，他选择了读技校。上学期间，他总爱独来独往，这种生活状态使他的性格很压抑，朋友很少，他也由此更不爱讲话了。毕业后，他被学校推荐到一家合资公司，干了三个月的仓管员。这三个月来，他依然像是与世隔绝一样，沉默寡言。

后来企业不景气，小陈就失业了，他找过两份临时工，由于心情不好也都没干长。没办法，小陈回到家里待了两个月，感到无法生活，他渴望马上找一份工作，于是给学校职业指导中心打电话，要求进行一对一的面谈指导。

小陈：（很小的声音）“我想接受一对一指导。”

职业指导师：（接听电话）“好！我们就约在明天上午九点，我等你。”

第二天，小陈按时来到职业指导中心面谈室，职业指导老师早早地等着他呢。

职业指导师：“你好！你真准时……我想知道你打电话给职业指导中心之前的想法？”

小陈：“前两个月我失业后脑子一直很乱，想了很多事，不知我错在哪里，怎么会落到这个地步？不知该怎么办好，想到了学校的职业指导中心，就打电话了。”

职业指导师：“好，请你给我介绍一下你的生活经历吧。”

于是，小陈介绍了自己的基本经历，职业指导师认真地倾听着。

职业指导师：“我跟你一样，也是从农村出来的，你讲的经历我特别能理解，这几年你也真是很不容易，那么现在你是怎样打算的呢？”

小陈：“我就是想找个工作，我觉得保洁工、搬家公司搬运工、超市的仓库管理员我都可以做。”

职业指导师：“这就是你的求职选择吗？”

小陈：“是的，我学历不高，技术没学好，又不爱与人打交道，怕讲话，一说话脸就红，我干别的不行，只有干这些卖力气的活儿。”

职业指导师：“你还不到30岁，路还长着呢，不想干点有发展的工作？知道自己学历不够，有继续学习的打算吗？”

小陈：“我学不进去……但是，我不怕苦，什么脏活累活我都不怕，我能吃苦。”

职业指导师：“你认为只有不怕脏，不怕累，干力气活才算是吃苦吗？其实，一个人能吃苦，说明他不怕经历艰辛过程。刻苦学习，刻苦钻研科学知识，克服遇到的种种困难，这也是吃苦啊。你是为了逃避这些吃苦过程，才选择了不用动脑筋的简单劳动，怎么能说自己能吃苦呢？”

小陈：“老师，从来没有人这样提醒过我。”

职业指导师：“如果你同意的话，不妨有意识地锻炼一下自己，找一份与人打交道多的工作，像业务员、销售员，你先试试，你说行吗？”

小陈：“行！”

职业指导师：“那好，我给你几条招聘信息，这几天过节在家看看有什么适合你的岗位，过了五一劳动节，准备去应聘。你看好吗？”

小陈：“我母亲跟您的年龄差不多，您很和蔼，谢谢您！”

……

小陈的心理压力来自他不太了解自我，采取自我否定的态度认识自己的问题，但他能主动求助职业指导老师，得到老师的帮助，他很快走上了工作岗位。

知识视窗

一、检测你的压力

适当的压力对人具有一定的促进作用，但过度的压力就会影响情绪状态，那么如何判断我们的压力过度了呢？

请你测一测：回想自己一个月内是否有以下情况？觉得没有出现，记录 0 分，经常出现记录 2 分，情况居中记录 1 分。

1）觉得手上工作太多，无法应付。

2）时间不够用，分秒必争，如过马路闯红灯、走路说话节奏很快。

3）觉得没有时间消遣，节假日常常记挂着工作。

4）遇到挫折很容易发脾气。

5）担心别人对自己工作的评价。

6）觉得上司和家人都不欣赏自己。

7）担心自己的经济状况。

8）有头痛、胃痛、背痛的毛病，而且难于治愈。

9）需要借助烟酒、药物、零食等抑制自己不安的情绪。

10）需要借助安眠药去协助入睡。

11）与家人、朋友、同事的相处令自己发脾气。

12）与人倾谈时，打断对方的话题。

13）上床后觉得思潮起伏，牵挂很多事情，难以入睡。

14）太多工作，不能每件事情做到尽善尽美。

15）空闲时，轻松一下也会觉得很内疚。

16）做事急躁、任性，而事后感到内疚。

17）觉得自己不应该享乐。

把你的各项得分相加，如果得分在10分以下，说明你的生活没有压力，缺乏刺激，你可能会感到沉闷；如果得分在11～15分之间，说明你的压力适中，你完全可以应付；如果得分在16分以上，说明你感受到的压力已经偏高了，应该考虑减压了。

二、主宰个人的情绪

我们正处于身心发展的重要时期，应该学会理智地调节自己的情绪，以清醒的头脑支配和控制自己的情绪，不为情绪所左右，做情绪的主人。

对不良情绪的自我调控，需要掌握一定的知识和技巧。

1. 及时发现个人的不良情绪

了解了心理学有关情绪的理论知识以后，应经常性地关注自己的情绪体验，了解自己情绪变化的规律，什么时候感到愉快，什么事情令自己烦恼，什么情况下容易发怒等，以此来提高自己对情绪的判断，及时发现不良情绪，采取有效的措施调节和控制情绪。

2. 及时处理个人的不良情绪

（1）**学会倾诉** 把高兴的事告诉别人，你的快乐就变成了双倍；有了痛苦和烦恼，找个可以信赖的人倾诉，你的痛苦和烦恼就减少了一半。一般地，你的亲人和朋友、心理辅导老师及心理咨询医生都是倾诉的对象。

（2）**学会自我宣泄** 这是一种不需要他人、单靠自己完成的宣泄方法。如哭泣流眼泪，参加比较剧烈的劳动或体育运动，又如可以把导致不良情绪的人和事，毫不掩饰、痛快淋漓地写下来等方法。

（3）**采用放松技术** 利用放松技术可以使人从紧张、抑郁、焦虑等不良情绪中解脱出来。这些放松技术较有效，但需要掌握操作要领。如“深呼吸放松法”的基本要领是：站定以后，双肩自然下垂，两眼微闭，然后做缓慢的深呼吸。深深地吸气，慢慢地呼气。一般持续数分钟便可达到放松的目的。

三、进行积极的心理调节

1．自我激励法

用一些富于哲理和感染力的名言警句鼓舞自己，或选择令自己欣赏和佩服的榜样，用他们的勇敢精神激励自己，鼓起自己战胜消极情绪的勇气。

2．转移注意法

通过做一些自己感兴趣的活动，将注意力从引发不良情绪的事件中转移出来。过于强烈的消极情绪都与当时的情境密切相关，如与人发生争论的时候，不必等自己发了火才感到后悔。只要善于脱离不利的情境，对于情绪的控制就相对容易了。

3．心理补偿

消极情绪的产生一般都是由于自己在某方面的需求没有得到满足，如果还是一味地强调这些失落，就会使自己的情绪更加糟糕。如果能够失之于此，得之于它方，从其他方面的收获得到补偿，就可以获得心理上的平衡。

4．合理化法

即“精神胜利法”，如吃亏是福、破财免灾等。这并不是一种积极的应对策略，但是效果很好，注意不要滥用就是了。

5．自我暗示法

经常反省自己：“我何德何能，凭什么对别人发火？这样发脾气能起到什么作用？还是算了吧！”“我怎么了？为什么要发火呢？”经常暗示自己：“别发火，放松，放松！”

四、充实自己的生活

无聊也是一种不良的情绪，是由精神空虚或无所事事引发的。要克服无聊感，首先要充实自己的生活，确定明确的目标，并持续地、有计划地去实施这些目标。这对在校学生，特别是网络依赖严重的同学更为重要。因为无聊，沉迷网络，因为沉迷而变得逃避现实，如此恶性循环，最终一事无成，在现实生活中没有尊严可言。

五、学会适当忘记

不为过去的挫折和失败所左右，不必过分地忧虑未来，预支不必要的烦恼和不安，要重视眼前的生活和学习，尽力做好目前的事情。

据某项调查发现，很多人日夜担忧的事情有 99%没有发生。也就是说，我们每天在担心那些万分之一的事情，因为胡思乱想而变得忧心忡忡，因为无谓的焦虑，浪费了宝贵的时间。

你所担忧的事情有多少已经发生？

六、学会换位思维

我们不高兴、情绪激越，往往是因为我们总以为自己是正确的，那么换位思维一下：“假如我是对方，我会怎么想？”

换位思维对调控情绪很有效。我们常常喜欢说：“你又不是我，怎么知道我想什么！”是否可以换成：“我不是你，不知道你在想什么，可否告诉我？”这样的换位思维可以让我们变得更宽容，看问题更公正。

课堂训练

请你汇总一些自己抗压的办法和途径，并与你的同学分享你的经验。

1．遭遇别人误会，我会：

____

____

____

2．考试不理想，我会：

3．情绪不好的时候，我会：

4．失恋以后，我会：

小组活动

《积极心态的力量》的作者是美国作家罗曼·文森特·皮尔，他在书中指出：你不必过着沉闷无聊、循规蹈矩、漫无目的的日子——根本不必。消沉只会让事情变得越来越糟糕，千万不要陷入这种生活。不管你的处境有多么严峻、痛苦和沮丧，你都能充满活力，活得精彩。

你能够在工作中注入新的精神，运用新的创造性的技巧。实际上，任何事情你都能做得更好。只要你想要，充满激情和魅力的生活就属于你。谁不想要这种生活呢？

请你阅读《积极心态的力量》，并跟同学们分享你的感悟。

思考题

1．你如何看待生活中的压力？

2．好友因失恋很痛苦，你该如何劝导他（她）？

模块 2　正确的挫折观

案例分享

落选之后

某重点技校一名二年级学生小陈，是名很有才华、品学兼优的班干部，深受老师同学的好评。当他满怀信心参加学生会主席的竞选时，却意外落选了。从此，开朗的他变得郁郁寡欢，不再严格要求自己，在短短两个月内，因酗酒、旷课被学校记过处分，成绩也一落千丈，期末考试竟然有 4 门功课不合格，最终被迫退学。临走时，他在班里的黑板报上留下了一篇文章，其中写道："我 19 年来的道路一直是平坦的，竞选失败让我在同学面前抬不起头，这是我人生路上遭受的第一个挫折，可我没能正确对待，产生了消极偏激、自暴自弃的思想，以至于得到今天的结果。"

挫折，是人成长的必修课！对人是一种挑战和考验，勇敢地面对挫折，必将成为生活的勇者；在挫折面前趴下，必将成为懦夫。正如巴尔扎克所说："挫折和不幸，是天才的晋身之阶，信徒的洗礼之水，能人的无价之宝，弱者的无底深渊。”

竞选意外落选本属于正常现象，小陈却认为是个无法承受的灾难，觉得颜面扫地，从此自暴自弃，最终被迫退学，实在令人痛心！

知识视窗

一、客观认知挫折的意义

“自然界没有不凋谢的花，人世间没有无曲折的路”，在人生的道路上，固然有一帆风顺、风和日丽的美好时光，但也会有崎岖坎坷的境遇和备受打击的艰难时刻。在我们为实现自己的希望、理想而努力的过程中，面对崎岖坎坷和打击的时候，便是在遭遇挫折。我们有理由期盼自己的人生事事如意，但当不如意的事情降临我们身边时，我们没有理由去抱怨人生的不公平！

挫折是指个人从事有目的的活动时，由于遇到阻碍和干扰，其需要得不到满足时表现出的一种情绪状态。如果挫折产生于较为重大的目标，如学业、工作、爱情等方面上，这种挫折可称之为失败；如果这种挫折的障碍与压力持续时间长，影响范围广，使自己处于一种不利身心发展的人生位置，则称为身处逆境。

人生之路有起有伏！只要有人类存在，就一定有挫折的存在，在我们前进的道路上，挫折是在所难免的。一个人生活的过程就是不断战胜挫折、不断完善自我、不断实现目标的过程。罗曼·罗兰说过这样一句话：“人生就是战斗！”仅此寥寥数字，曾经伴随他经历了不少的艰辛岁月，穿越不少坎坷道路。压力和挫折，是考验个人智慧的终身课题，每个人都必须找到属于自己的战斗方式，既不能逃避现实，也不能总是躲在角落里自怨自艾。火石不经摩擦，火花不会迸发；人不经挫折的激励，生命的火焰也不会燃烧。

1. 挫折，练就不屈的人格

没有河床的冲刷，便没有钻石的璀璨；没有挫折的考验，也便没有不屈的人格。人的成长过程是适应社会要求的过程，如果适应得好，就觉得和谐顺意；如果不能适应，就觉得失落迷茫。而适应就要学会调整自己的动机、追求和行为。一个人出生时，根本不知道什么是对，什么是错，正是通过鼓励、制止、允许、反对、奖励、处罚、引导、劝说，甚至身体上的体罚与限制才学得举止与行为的适应和得当，学会在不同环境、不同时间、不同对象、不同规范条件下调整行为。反之，自小被宠坏的、从来没有尝试过挫折的孩子，眼中只有自己的世界，以为想得到的东西就一定可以得到。一旦独立生活就会迷失在矛盾和打击之中，面对现实不知所措。

2. 挫折，一面明亮的镜子

遇到挫折以后，我们将是怎样的一种境况？更坚强，还是就此一蹶不振、自暴自弃？挫折能唤起我们更大的勇气吗？挫折能让我们发现新的力量，焕发出个人的潜能吗？

挫折可以使一个人失去某些东西，影响我们的心情；但挫折不会改变我们的人生。如果我们在遭遇失败以后，从此僵卧不起，放手不干而自甘于永久的屈服，那就可以断定，你不是什么了不起的人物；假如我们能雄心不减，迈步向前，不失望，不放弃，那我们将成为一个人格伟大、勇气十足的人。

挫折是一面明亮的镜子，可以映照出我们的缺陷，使我们彻底地看清自己。这对于人生价值的思考和收获成功都是非常必要和重要的。

3. 挫折，意志力的导师

生活中，许多挫折是意志力的“运动场”，当我们大汗淋漓地克服了挫折，跑完全程以后，就会获得愉快的体验。所谓“吃一堑，长一智”，心理学家把挫折比作“精神补品”，因为每战胜一次挫折，都会强化人的自身力量，为下一次应付挫折提供“精神力量”。

然而，当遭遇挫折却不懂得正确对待时，挫折很可能是一场灾难。有的人从此一蹶不振，对理想不再追求；有的人颓废沉沦，摒弃生命的价值和生活的意义；更有甚者走向自杀的不归之路。由此可见，挫折对于人其实是一种挑战和考验，生活中因此也就有了勇者和懦夫之分。

二、正确面对顺境和逆境

我国著名的思想家和社会活动家梁启超说过：“人生所经历的道路，大致不顺利的境遇占十分之六七，顺利的境遇也能占十分之三四，而且这两种境遇又常常相互交替和不断轮换。”

我们所经历的事情无论巨细，遇到的挫折和阻碍有大有小，但无论如何这都是一些无法避免的现实。然而，事情总有两面性。“塞翁失马，焉知祸福”，说的就是这样的道理。自古英雄多磨砺，谁都没有理由痛恨生活给予自己的磨砺。这些磨砺都将是一些非常宝贵的人生财富，当我们可以对别人说起自己所经历过的不平凡的挫折和磨难的时候，这些苦难和磨砺就成为绚丽的人生色彩。

因此，在我们做什么事情都很顺利的时候，我们应该懂得回报生活，懂得珍惜自己所拥有的一切，勤勤恳恳学习，踏踏实实做人；假如我们遇到了挫折和阻碍，就想办法扛过去。有时候，生活中的逆境缘于我们身处顺境的时候沾沾自喜、自以为是，缘于我们不够耐心，缘于我们急于求成。因此，往往时间可以成为最好的医生，帮助我们解决一些难题，忘记痛苦，积累经验。

总之，逆境和顺境，在一定的条件下可以转换。当身处逆境时，只要我们坚韧不拔、勇于奋斗，就有可能跨入顺境。当身处顺境时，却骄傲自满、斗志松散，就有可能坠入逆境之中。逆境会压倒弱者，也将造就强者。逆境迫使我们去斗争、去进取、去提升，战胜困难，越过艰险，抵挡住灾难，我们就成为一个真正的强者。

课堂训练

检测你的耐挫力

你是否每年都替自己订下了许多的计划，如学习某种技能、看一些书、存钱旅行……又是否每年能坚持到底？抑或多是半途而废？你是否具备了应对挫折的意志力？请做做以下的心理测验。

1．你正在朋友家中，茶几上放着一盒你非常爱吃的巧克力，但你的朋友并没给你吃。当她离开房间时，你会______

A．立即吞下一块巧克力，再抓一把塞进口袋里。

B．一块接一块地吃起来。

C．静坐着，抗拒它的诱惑。

D．对自己说："不吃巧克力。很快就该吃晚餐了。"

2．你发现你的好友未将日记锁好便离开了房间，你一向很想知道她对你的评语及她和男朋友的关系，你会______

A．立即离开房间去找她，不容许自己有被引诱偷看的机会。

B．匆匆揭开数页，直至内疚感受令你停下来为止。

C．急不可待地看，然后责问她。

D．翻看以后到处去说。

3．你从朋友的日记中发现了多个秘密，极欲与别人分享，你会______

A．立即告知其他人，说你的朋友喜欢谁。

B．不打算告诉任何人，但会让你的朋友知道你已经发现了她的秘密，使她不敢太放肆。

C．什么也不做，你们是好朋友，正因为你能守秘密。

D．请催眠专家帮助，使你忘记一切秘密。

4．你正在努力存钱，准备年底去旅行，但你看中了一条很适合与心爱的人初次约会时穿的裙子。你会______

A．每次经过那家店铺的时候都蒙住眼睛，直至过了约会日期。

B．自己买衣料，缝制一条一样的裙子，但价钱便宜很多。

C．不顾一切买下它，宁愿哀求别人借钱给你去旅行。

D．放弃它，没有任何东西能阻碍你的旅行大计。

5．你深信自己深深爱上了一个人，但对方却在无聊的时候才想起你。在一个狂风暴雨的夜晚，他要求与你见面，你会______

A．立即冒着雨去找他，纵然数小时也是值得的。

B．挂断电话，不理会。

C．先要他答应以后更好地待你，你才答应去。

D．询问对方发生了什么事情，然后决定是否赴约。

6．你新年许下的诺言，你对此诺言所抱的态度是______

A．只能维持几天。

B．维持2～3年。

C．懒得去想什么诺言。

D．到适当的时候就违背它。

7．如果你能在早上早点起床温习功课，晚间便有更多的时间做事，效率更高。你会______

A．虽然每天早晨6点闹钟准时闹醒你，但你仍然赖在床上直至8点才起来。

B．把闹钟调到5点半，以便能准时在6点起床。

C．约在6点半起床，然后淋热水浴使自己清醒。

D．算了吧，睡眠比温习更重要。

8．你要在6个星期内完成一项重要任务，你会______

A．在委派后5分钟内即开始进行，以便有充足的时间。

B．限期前30分钟才开始进行。

C．每次想动手时都有其他的事分神，你不断告诉自己还有6个星期的时间。

D．立即进行，并限定两天完成。

9．医师建议你多做运动，你会______

A．只在头一两天照做。

B．拼命运动，直至支持不住。

C．每天慢步去买雪糕，然后乘计程车回家。

D．最初几天依指示去做，待医生检查后即放弃。

10．朋友想跟你观看录像带，但你需要明早 7 点起床做兼职，你会_____

A．陪朋友看到晚上 9 点半睡觉。

B．拒绝朋友，好好睡一觉。

C．视情绪而定。要是太疲倦，就早点睡觉。

D．看通宵，然后倒头大睡。

根据你的选择，对照下面分值计算结果。

1．	A．1 分	B．2 分	C．3 分	D．4 分
2．	A．3 分	B．2 分	C．3 分	D．1 分
3．	A．1 分	B．2 分	C．3 分	D．4 分
4．	A．4 分	B．2 分	C．1 分	D．3 分
5．	A．1 分	B．3 分	C．2 分	D．4 分
6．	A．2 分	B．4 分	C．1 分	D．3 分
7．	A．2 分	B．4 分	C．3 分	D．1 分
8．	A．4 分	B．1 分	C．2 分	D．3 分
9．	A．3 分	B．4 分	C．1 分	D．2 分
10．	A．3 分	B．4 分	C．2 分	D．1 分

如果你得分 18 分以下：

你并非缺乏意志力，只不过是你只喜欢做那些你有兴趣的事；对于那些能即时获得满足感的工作，你会难能可贵坚持下去；你很想坚持你的新年大计，可惜很少能坚持到底。

如果你的得分是 18～30 分：

你很懂得权衡轻重，知道什么时候要坚持到底，什么时候要轻松一下。你是那种坚守本分的人，但遇到极感兴趣的东西时，你的好玩心往往会超过你战胜挫折的决心。

如果你的得分是31～40分：

你的意志力简直惊人，不论任何人、任何情形下，你难以改变自己的主意。

小组活动

请你跟同学们分析你的耐挫能力。

1．你在哪些方面做得很好？

2．你在哪些方面做得不足？

3．如何进行改进？

思考题

1．请你回想一下，在你的人生历程中，曾经遭遇过比较大的三次挫折分别是什么？

2. 当时你怎样应对这些挫折？

3. 你认为自己当时应对挫折的方法恰当吗？有没有其他更好的方法？

模块3 耐挫能力训练

案例分享

一棵小草

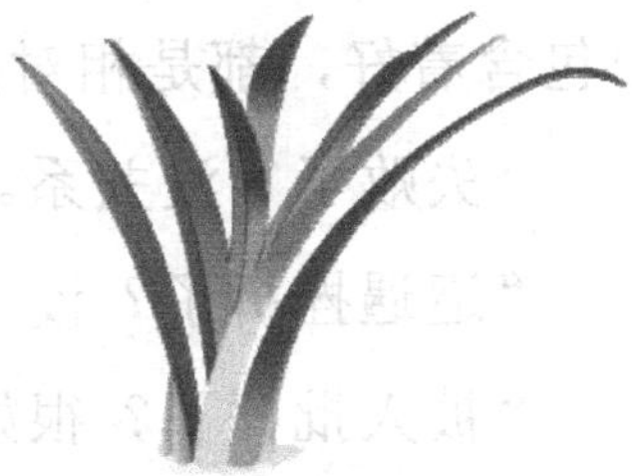

一天早晨，当一位园丁来到花园里的时候，发现所有的花木枯萎凋谢了，园中充满了衰败的景象，毫无生气。他非常诧异，就问花园门口的一棵橡树：究竟出了什么事？后来他得知，橡树因为自怨没有松树那样高大挺拔，所以就生出厌世之心，不想活了；松树又恨自己不能像葡萄藤那样结果子而沮丧；葡萄藤也很伤心，因为它不能像桃树那样绽开美丽的花朵；牵牛花也有苦恼，因为它自叹没有紫丁香那样芬芳，其余的树木也都有垂头丧气的理由，都埋怨自己不如别人。

这时，只有一棵小草却长得青葱可爱，于是园丁问它："你为什么没有沮丧？"小草回答："我没有一丝灰心，一毫失望，我在此园中虽然算不上重要，但是我知道你需要一株橡树、一棵松树，或者葡萄藤、桃树，或者牵牛花、紫丁香，你才去栽种它们；我知道你也需要我这棵小小的草，我就心满意足地去吸收阳光雨露，使自己天天成长。"

知识视窗

一、学会合理地认知自己

1．合理的认知模式之一：用全面的观点看待自己

“每个人都不可能十全十美。我不完美？没关系。这方面不好，那方面OK，很不错呀。”

“长得不漂亮？没关系。我原本就没有梦想成为美女、天仙，我只想做一个温柔善良的人。”

“不会跳舞？没关系。我会唱歌；不擅长画画？没关系。我喜爱运动。”

“不能成为一棵大树？没关系。我甘愿做棵小草！”

“失败了，但我尽力了。我不可能尽善尽美，但我一定尽心尽力。”

2．合理的认知模式之二：用相对的观点看待自己

所有的事情都没有绝对的好，或者绝对的不好，往往好中有不好，不好中包含着好，都是相对的，甚至是相辅相成的。

“失败了？没关系。我看到自己的不足，我需要调整策略，换一种方式。”

“遭遇挫折了？没关系。我对困难估计不足，需要调整目标。”

“被人批评了？很好呀。别人给我树立了另一个标准，我可以从另外一个角度看自己。”

“从最底层做起？没关系。我希望自己脚踏实地，不断进步。”

3．合理的认知模式之三：用发展论看待自己

每个人都身处发展当中，时时刻刻在成长着。现在不好并非将来不好，现在好也不一定永远好。没有谁可以一步登天、一蹴而就的。

“怎么过就怎么好，怎么好就努力去怎么过。努力着、奋斗着；忙碌着，快乐着。”

“现在是现在，将来是将来。没有必要为将来不确定的事情透支自己的精

力。想一想，自己所担心的事情，发生的几率到底有多少？”

“失败了，仅仅说明我暂时没有成功而已，无限风光在未来！”

“不拿自己的错误惩罚自己，过去就让它过去；不拿自己的错误惩罚别人，自己的错误跟别人没关系；不拿别人的错误惩罚自己，每个人都需要一个认识问题的过程。”

二、让快乐成为一种习惯

人生时时有挑战，处处有挫折，乐观是一种习惯。如果你习惯乐观，一辈子就不会距离快乐太远。当你有“消极心态”的时候，请选择“积极心态”加以应对。消极心态与积极心态对比见下表。

消 极 心 态	积 极 心 态
比赛失败	志在参与，找到差距
被人拒绝，没面子	面子虽重要，但我可以不在乎
发挥失常大家会笑话我	大家最在意的是自己的发挥，而不是我
别为难自己，放弃了吧	成为一个做事认真努力的人
别人永远比我好	自我比较，不断进步
常常被人误会	日久见人心
为什么受伤的总是我	凭什么我必须事事顺利
……	……

课堂训练

卡耐基说过：“快乐不在于你是谁，或者你有什么，它只在于你想的是什么。”

每次危机降临，就是人生的关键时刻，此时必须审慎地运用个人的智慧，做出最正确的判断，选择正确的方向。如果确认最初的目标是正确的，那就必须坚持到底；但如果鉴定的结果是最初的目标出现了偏差，就需要做出调整，千万不要一意孤行。请大家讨论，并坦诚地交流下面的问题。

1. 你所设定的目标是否应用明确的词句进行说明？

2．你那些广泛的目标是否延伸为具体明确的短期目标？

3．对于目标的完成，你是否具备计算其成功程度的能力？

4．你的目标是否切实可行，是否有支持者？

5．目前的目标是否与你的价值和长期目标协调一致？

6．你是否给每个虽然紧张但是并非不可能实现的目标订立一个完成的期限？

7．你所定目标中隐含哪些能力要求？你需要做哪方面的努力？

8．你设定目标的时候是否考虑你所处的环境？

9．你是否辨别目标的重要性，并制订出优先实现的顺序？

10．你的目标是否简洁明了？

通过以上问题的检查，你对自己管理目标的状态是否满意？如果不满意，如何进行改进？

小组活动

小组搜集有关应对人生挫折的名言、格言或者故事，并制作卡片，张贴在学习园地里，大家共享。

思考题

1．在你遭受挫折的时候，谁给予你最有力的帮助？

2．你最害怕遭遇哪些挫折？

3．你具备哪些求助的途径？

单元 7　职业意识训练

模块 1　职业道德意识和行为养成

案例分享

“中国钣金王”——王洪军

王洪军被誉为“中国钣金王”，但在平凡的岗位上，他依然是一名普通的钣金工，每天都在实践着一个钣金工的职业道德。

这些道德规范里，既有与职业道德基本规范相同的内容，又符合汽车生产与维修行业和钣金工种的特点，这些内容将规范所有从事这一岗位工作人员的职业行为，不会因为某个人而改变。而经过多年磨砺，王洪军成为中国钣金工职业道德的楷模。

1．爱岗敬业

王洪军是爱岗敬业的楷模，主要表现在：他严守岗位、尽心尽责、精益求精。

2．乐于奉献

王洪军是一个乐于奉献的人，主要表现在：他的职业意识强，勤业意识强，奉献意识强。

3．钻研业务

王洪军不断钻研业务，表现在：他认真学习技术，不断提高工作技能；他认真学习管理业务知识，努力提高管理工作业务素质，努力尽好自己的管理责任，实现岗位的价值；他努力拓宽个人的知识层面，提高综合分析、解决问题的能力；他艰苦奋斗，不断奉献汗水，还无私奉献了个人的智慧。

4．忠于职守

王洪军是一个忠于职守的楷模，表现在：他严格把住技术关，遵守行规、行约，尽职尽责、勇于革新。

5．团结协作

王洪军善于合作，表现在：他能正确处理集体和个人的关系，

把自己的技术传授给许许多多的人。

知识视窗

一、爱岗敬业

爱岗敬业是社会主义职业道德的基本要求，是每个职业人是否有职业道德的首要标志。爱岗就是热爱自己的工作岗位，热爱本职工作；敬业就是一种对待自己职业的认真严肃的态度。具体要求如下。

1．树立正确的职业道德观

一个人是否能取得成就，不在于他所从事的职业是什么，而在于他是否尽心尽力把工作做好。因此，无论从事何种工作，只要是对社会、对人民有益的，就要干一行、爱一行、专一行，不能朝秦暮楚、见异思迁、得过且过。任何一个尊重自己事业的人，都会把这种爱表现在自己的工作岗位上。再平凡的工作岗位，也能体现崇高的敬业精神；再普通的工作岗位，也能做出突出的成绩。没有正确的职业道德，再有什么鸿鹄之志，也是无法实现的。

2．热爱本职工作

每一份工作都值得我们热爱，值得我们付出真情，因为只有热爱自己的工作，才会充满积极性，才会在工作中投入精力和心血，才会有战胜困难的

勇气和信心，最终在工作中有所成就。我们的社会最需要敬业的人才。有一项调查显示，用人单位最看重的毕业生素质是：热爱本职工作，有责任意识、敬业精神、团队合作能力。众多招聘信息中，绝大多数岗位需求都写着：具有较强的责任心、敬业精神、团队合作能力。可见，员工是否具有崇高的敬业精神越来越受到用人单位的关注。

3．不断提高自己的职业技能

社会的发展和科技的进步对每个岗位提出了严格的要求，要求从业者精通业务，勇于创新。精通业务是首要条件，光有满腔热情和乐业精神还是不够的，营业员如果算不好账，既会影响服务，也必将影响企业的经济效益；医生业务水平差，不仅不能救死扶伤，而且会危害病人。勇于创新是精益求精的必要条件，敢于冲破陈规旧俗的束缚，改革不适应现代社会的旧观念、旧管理方法和工作方法以及旧工艺，勇于想别人没想过的事，敢于做前人没有做过的事。

“业精于勤，而荒于嬉”，一位敬业者绝不会把工作当儿戏，虚掷光阴。为了胜任工作，他们会调动自己的聪明才智，补基础、查资料、练技术、攻难关，努力在学识和业务等方面取得不断进步。

你所处时代的那些敬业楷模，是否都是在乐业、勤业、精业中逐步成长起来的？

二、诚实守信

诚实守信不仅是为人处世的基本准则，也是社会道德和职业道德的一个基本规范，这一规范要求每一位从业者在从事职业活动过程中要诚信无欺，讲究质量，信守合同。

1．诚信无欺

诚实是人们不可缺少的一种良好品质。这种品质有一个最显著的特点，就是忠实于事物的本来面貌，不歪曲篡改事实，不隐瞒自己的真实想法，不掩饰自己的真实情感，不说谎，不作假，不欺骗别人。守信也是一种做人的良好品质，它要求人们要讲信誉，信守诺言，忠实于自己承担的义务，答应别人的事一定要做到。其中“信”字也是诚实无欺的意思，这说明诚实与守信是相互联系在一起的。只有内心诚实，才能做一个守信的人；如果一个人守信用，那么他就一定是个诚实的人。换句话说，说老实话、办老实事、做老实人、言行一致、重信守诺，就是一个诚实守信的人。

在我国古代，有个叫曾子的人，具有诚实守信的高尚品格。有一次，曾子的妻子要去赶集，孩子闹着也要去。妻子哄孩子说：“你不要去了，我回来杀猪给你吃。”等妻子赶集回来，看见曾子真要杀猪，她连忙上前去阻止：“小孩子，懂什么，我只是说说而已，不能当真啊。”曾子说：“你欺骗了孩子，孩子就会不信任你。”说着，就把猪杀了。曾子不欺骗孩子，也培养了孩子讲信用的品德。

“言必信，行必果”“一言既出，驷马难追”这些流传了千百年的古话，都形象地表达了中华民族诚实守信的品质。在中国几千年的文明史中，人们不但为诚实守信的美德大唱颂歌，而且一直在努力地身体力行。只有树立了诚信意识，才可能有诚信的行为，也只有完善持久的诚信行为，才能验证你的诚信品德。挂在嘴边的“诚信”，称不上真正的诚信。所以，诚信品德不是自己吹嘘出来的，而是一点一滴地积累起来的。

2．讲究质量

市场经济下，要真正做到诚实守信其实并不是一件容易的事情。由于我国市场经济起步比较晚，市场发育不成熟，市场经济的规则也不健全，因此，在经营活动中仍存在一些“不诚不信”的现象。某些人在私利的驱动下，做出缺斤少两、坑蒙拐骗、偷工减料、不讲信誉、不履行合同、坑害消费者的行为，这实际是一种不公平的竞争。“不守信”也存在于其他领域。在社会生活中，有的人不注重“守信”，说话往往言而无信，出尔反尔；开会或赴约，总是迟到，不能遵守约定时间。这些人身上就不具有“诚实守信”的美德。看到别人欺诈、不诚实，看到有的老实人总吃亏，我们可能会受到一些影响，思想上有些动摇，行为上也出现一些变化。

然而，请大家记住：只有诚信，才能赢得别人的信任；只有诚信，才能化解人与人之间的隔阂和误解。人若失去了诚实守信，也就失去了一切。企业失去诚信，没有了信誉，也就失去了效益。

3．信守合同

从根本上说，信守合同就是在签订合同、履行合同的整个过程中，真诚待人，注重信誉，讲究信用。签订合同，诚心诚意；履行合同，一丝不苟，不折不扣。

有一个加布罗沃人在一家银行的门口摆摊卖煮熟的老玉米，由于他的老玉米十分新鲜，来买的人很多，不久便积攒下了相当可观的一笔财产。他的一个熟人听到这消息后，专门跑来，想从他那里借一笔钱去做买卖。

这个加布罗沃人当时就回答道："太对不起了，这事照理不成问题。不过当年我开始在这里设摊的时候，便已跟这家银行订下协议：彼此决不搞残酷的商业竞争。也就是说，银行不卖煮熟的老玉米，我也决不经营贷款业务，我怎能不信守合同呢？"

三、办事公道

办事公道是指以国家法律、法规、各种纪律、政策、规章以及公共道德准则为标准，秉公办事，公平、公正地处理问题，它是在爱岗敬业、诚实守信的基础上提出的更高层次职业道德的基本要求。

1．热爱真理，客观公正

办事是否公道关系到一个人以什么为衡量标准的问题。要办事公道就要以科学真理为标准，保持正确的是非观。公道就是要合乎公认的道理，合乎正义。如果不追求真理、不追求正义，办事就难以合乎公道。在学校期间，同学们应该培养热爱科学知识的热情，关注社会时事，自觉提高个人的判断力，努力分辨是非，做到客观公正。

2．坚持原则，不徇私情

仅仅明白是非善恶的标准是不够的，还必须在处理事情时符合标准，坚持原则。如果为了个人私情失去原则，就无法做到办事公道。我们是未来社会的建设者，坚持办事的原则非常重要。

3．反腐倡廉，公私分明

贪图私利会使人丧失原则，丧失立场。拿了别人的钱就要替别人办事，是不能做到办事公道的。因此，只有不贪图私利，才能光明正大；只有廉洁无私，才能主持正义、公道。

另外，公私分明是正确认识和处理个人与集体、个人与社会关系的基本要求。

吴利民是杜邦公司中国区工程部的经理。记者采访他时发现了一件特别有意思的事：一位公司同事拿给他一张本月电话费清单，他在上面认真地勾出了自己因私打的电话，然后让公司从工资中扣除这部分用于私人的电话费。

记者不解地问，公司几十万年薪都付了，为什么还在乎这点小钱儿？对此吴先生说，勾出自己因私打的电话，看起来是小事，其实却是企业文化的一部分。作为一名员工，必须时刻要有公私意识，要有原则性，否则在工作中就有可能公私不分，为个人利益而损害公司利益。那么，电话费清单中又如何分清公私电话？公司又如何监督？吴先生说，这只是个道德约束准则，每位员工都要凭良心按这个准则办事，它考验的是员工的人品。万一被人发现、检举或查出“以公谋私”，员工一是名誉扫地，二是会立刻被炒鱿鱼。

我们应该向这些榜样人物学习，从细微处着手，培养个人的良好品质。

4．照章办事，平等待人

工作原则是维持各职业正常进行的规定，是本部门、本行业长远利益、整体利益和社会大众利益的保证。按原则办事是办事公道的具体体现，如表现在对待职业对象的态度上，不能有亲疏、贵贱之分，无论是领导还是群众、熟人还是陌生人、富人还是贫民，都应一视同仁，遵章办事，服务到位。

例如，营业员在职业活动中，不以貌取人，无论是购物客人还是非购物客人，无论生人还是熟人，无论大人还是小孩，无论本地顾客还是外地顾客，都一视同仁，决不厚此薄彼。

四、服务群众

全心全意地为人民服务，一切以群众的利益为出发点和归宿。为人民服务要求热情周到，满足人民需求并具有高超的服务技能。

1．热情周到

热情包括主动、耐心、热心，周到包括周全、细致、实在。这是服务群众的基本途径。要做到服务群众，就必须将服务群众的观念树立起来，要甘当人民的勤务人员。

北京市公共汽车售票员李素丽为自己定下“四心原则”，在此基础上，她还为自己制订具体的要求：“多说一句，多看一眼，多帮一把，多走一步；话到、眼到、手到、腿到、情到、神到。”

李素丽所在公交车的售票台旁的车窗玻璃，一年四季进出站时总是敞开的。“这样我可以更好地照顾乘客。”即使下大雨，她也要把车窗打开，给登车前脱掉雨衣、收拢雨伞的乘客撑伞。她总是说：“辛苦我一个，方便众乘客。”

李素丽这种真心服务群众的精神得到了群众的认可，赢得了群众的尊重。

2．尊重群众，满足群众需要

只有尊重群众，才能深刻了解群众所思、所想、所需，才能真正做到服务群众。

每个从业者无论做任何事情，都应该想到群众，想到群众的利益，实实在在地为群众服务。要急群众之所急，帮群众之所需。

3．努力方便群众

每个从业者做每件事情都与群众有着联系。因此，任何职业要便民而不扰民，要真正为群众谋利益，绝不以损害群众利益为目的或手段。

五、奉献社会

奉献社会是一种无私忘我的精神，是职业道德的出发点和归宿，也是每个从业者职业道德修养的最终目标。把自己的知识、才能和智慧等，毫无保留地、不计较得失地贡献给社会，这是一个从业者的最终目标。

上海一家企业的物业总监徐虎，全国劳动模范，曾在一个普通的水电修理工岗位上长期默默工作，积极主动地为居民排忧解难，用“辛苦我一人，方便千万家”的精神，谱写了一曲新时代的雷锋之歌。他对奉献有过这样的一句话：“你不奉献，我不奉献，谁来奉献？你也索取，我也索取，向谁索取？”

奉献社会的基本要求就是坚持把公众利益、社会效益摆在第一位，也就是必须把社会上大多数人的利益放在首位，努力促进社会生活和生态环境的和谐发展，实现个人的社会价值。爱因斯坦曾说过，人只有献身于社会，才能找出那实际上是短暂而有风险的生命的意义。

课堂训练

在遇到难以立刻分清你的职业行为是否符合职业道德要求时，下面这份职业道德行为检查表可以帮助你做出正确的判断。

1．这样做合法吗？

我这样做有没有违反国家法律？

我这样做有没有违反公司的规定？

2．这样做公平吗？

这样做，对自己公平吗？

这样做，对对方公平吗？

我的行为的短期作用怎样？

我的行为的长期作用又怎样？

3．做了之后，我会有什么样的感觉？

它会使我感到骄傲和自豪吗？

如果此事在报纸上刊登出来，我会感到高兴吗？

如果我的家人和朋友知道了此事，我会感到快乐吗？

请你牢记“八荣八耻”。

以热爱祖国为荣、以危害祖国为耻，
以服务人民为荣、以背离人民为耻，
以崇尚科学为荣、以愚昧无知为耻，
以辛勤劳动为荣、以好逸恶劳为耻，
以团结互助为荣、以损人利己为耻，
以诚实守信为荣、以见利忘义为耻，
以遵纪守法为荣、以违法乱纪为耻，
以艰苦奋斗为荣、以骄奢淫逸为耻。

小组活动

请你通过采访或者网络、资料搜索等方法，寻找你所学专业对应的行业职业道德规范。针对个人情况，你与这些职业道德规范要求存在哪些差距，请你作出职业道德培养的计划。

行业职业道德规范	自己与规范的差距	训练计划

思考题

1．你打算如何实践职业道德行为？

2．为什么说诚实守信并非易事？

3．如何做到办事公道？

模块 2　责任与担当

案例分享

负责任的女管家

美国有一个非常负责任的女管家，由于她忠于职守，受到约翰逊总统的赞誉。

美国经济学家葛尔布莱回到家后感觉疲惫不堪，他想睡一个好觉，于是特意吩咐女管家，无论谁来电话，都不要打搅他。

但是当他刚刚入睡，约翰逊总统就来电话找他。女管家和气、委婉地向总统解释："葛尔布莱先生刚从国外讲学回来，很疲劳，刚刚入睡。请您原谅，总统先生！我暂时不能叫醒他。"

约翰逊总统说有要紧的经济政策问题要同葛尔布莱商量，执意要管家叫醒他。女管家耐心地解释说："不，总统先生，他身体有些不适，方才特意嘱咐过我，他不接任何人的电话。我现在只能是替他工作，为他负责，而不是替您工作。请您放心，待他醒来之后，我一定将您打来电话的事情及时转告他。何况只有在他休息好之后，才能精力充沛地同您讨论经济政策问题，您说对吗，总统先生？

女管家的话有理有据，约翰逊心服口服，只好放下电话。葛尔布莱醒来之后，立刻去见总统，并表示了深深的歉意。没想到约翰逊总统丝毫没有责怪之意，反而对女管家大加赞赏，并建议说："请转告你的女管家，如果她愿意，那就请她到白宫来工作，这里需要像她那样的人。"

知识视窗

一、敢于承担责任

对自己负责，表现为自尊、自爱、自立、自强、自控；对他人负责，表现为尊重、宽容、友善、共处；对家庭负责，表现为孝悌、感恩、回报；对工作负责，表现为尽职、忠诚、热爱；对社会和国家负责，表现为进取、守法、奉献等。一个成熟的人，应该是可以对自己、对他人、对家庭和国家负责的人；一个不成熟的人往往逃避责任。下表为持有不同责任心的人的表现。

逃避责任——不成熟的表现	勇于担当——成熟的标志
① 不关我的事。	① 我要负责！
② 关我什么事嘛。	② 我能够从小事做起！
③ 我试试看吧。	③ 我一定完成任务。
④ 我想会有人来处理的。	④ 我服从领导安排！
⑤ 又没有人问过我。	⑤ 我会尽职尽责把工作做好！
⑥ 又没有人告诉我。	⑥ 对不起，这是我的错，我接受处罚。
⑦ 为什么要找我？	⑦ 我愿意承担责任！
⑧ 反正无所谓。	⑧ 我将承担一切后果！
⑨ 反正没有人知道。	⑨ 答应别人的事情，我一定要完成！
⑩ 反正这不太重要。	⑩ 请您相信我！
⑪ 反正大家都是这么做的。	
⑫ 又不是我一个人，为什么就说我一个人呀？	
⑬ 没有人叫我起床，所以我迟到了。	
⑭ 迟到几次算什么！	
⑮ 大家都这样，我何必那么认真呢！	

想一想 你是一个勇于担当，可以委以大任的人和值得托付的人吗？

二、细分责任，悉心培植责任感

1. 培养角色意识，做好每一件小事

把承担的每件事当成本职工作，尽职尽责去完成。无论是帮助家人拖一次地，还是照顾邻居家的爱犬，以及担任某个班干部职务，都要把它看成是一份“工作”，一旦承诺、接受，就要认认真真去完成。我们一直说，“认真可以把事情做对，用心才能把事情做好。”用心就是自始至终的认真。如果责任感缺失，就会不在乎细节，也看不到细节，更无法做好细节。

古人云“在其位谋其政”，既然承担了某一项任务，就要尽心尽力地把它干好。上海电气液压气动有限公司液压泵工段长——全国十大杰出工人李斌就是这方面的典型。正是靠挤和钻的敬业精神，以及强烈的责任心，他从一名初级技工成长为一位专家型的技术工人，两次荣获全国劳动模范和全国五一劳动奖章，成为现代蓝领的楷模。

2. 培养社会责任感

企业认为责任胜于能力，是敬业精神的表现。良好的责任意识能体现个人对企业的忠诚和对工作的热爱，而这需要个人自觉的习惯、意识去维护。孩子在家中分担家务，学生在学校担任干部，都能为培养责任意识提供平台。职业院校各类社团活动能为培养主动意识创造条件，从家庭劳动到班级值勤，从学习知识到校外活动，都可以以任务形式交由学生完成。

现今，志愿服务和环境保护是学生参与社会实践的大好平台，可以帮助在校学生建立社会责任感，激发学生的助人奉献精神。广州在举办完第 16 届亚运会后，继续开放志愿者服务站“西关小屋”，并把它们分派到各大高校，指引大学生利用课余时间服务社会，造福于民。随着志愿者服务制度的完善，国家对青年一代的社会责任意识培养也落到了实处。作为新一代的学生，应

该自觉树立较强的社会责任感，寻找各种机会锻炼自己，促使自己成为一个责任心强的、可以成就事业的人。

3．勇于承担过失

人们追求正确地做事，做正确的事，但失误在所难免。发生过失时，有责任心的人具有很强的承担意识，敢于直接面对问题，并想办法尽快解决问题。

承担意识包括个人导致的问题全部承担，并迅速补救，以最大程度挽回损失；还包括与集体一起分摊责任，尽己之力参与补救。西点将军布莱德雷有一句名言说道：如果你存心拖延、逃避，你自己就会找出成千上万个理由来辩解为什么不能够把事情完成。承担过错，意味着拒绝借口。

4．培养控制意识

包括控制自己的欲望、时间、目标、承诺、情绪等。责任意识强的人，要求清楚地知道自己能做什么，不能做什么，要做到什么，在什么时间完成和对谁负责。一个负责任的教师，不会把突遭的不幸带上讲台；一个有责任的医生，不会把昨日的忧伤带到手术台；一个负责的驾驶员，不会把没有评到优秀的失落带进驾驶室……

5．培养追求完美的意识

在这个世界上，许多人对自己的工作并不满意，但他们却不努力去改变自己的现状，年复一年、日复一日地默默忍受着工作为他们带来的苦恼。一些人认为，老板给我多少钱，我就给他做多少事，八点钟打卡，绝不七点半到，做一天和尚就撞一天钟。殊不知，机遇总是垂青那些有准备的人，只有在工作中使出十二分甚至更多力气的人，才会得到先机。追求完美，不全在结果，更在于过程的美好。人在追求完美的过程中，自己才是最大的赢家。

课堂训练

按照下面的内容或者你认为比较合适的内容，面对大家大声表达自己的意愿，请你做个敢于担当的人。

1）我要负责！

2）我能够从小事做起！

3）我一定完成任务。

4）我服从领导安排！

5）我会尽职尽责把工作做好！

6）对不起，这是我的错，我接受处罚。

7）我愿意承担责任！

8）我将承担一切后果！

9）答应别人的事情，我一定要完成！

10）请您相信我！

小组活动

分组讨论分析以下资料：

全国诚实守信标兵候选人明金贵是内江市东马禽业有限责任公司董事长，他恪守“树诚信之标榜，立诚信之根基”的经营理念，实施“公司+基地+农户”订单寄养的发展模式。几年前，养殖行业行情非常低迷，明金贵的公司每回收一只农户的成鸡，就直接亏损3～5元，但明金贵并没有像其他公司那样违背合同，而是坚决按协议保护价全数收购，仅此一项公司当年就亏损高达500多万元。然而，此举赢得了农民兄弟的充分信任，500余户农民加入了明金贵的合作模式，1000余养殖户走上致富之路。良好的诚信和口碑使明金贵的公司步入良性的发展轨道。

请讨论分析一下，养殖行业行情非常低迷的时候，明金贵可以选择什么样的方法规避自己的损失？这种做法可能带来怎样的结果？

1）降低收购价，减少公司的损失。

2）不收购农户的成鸡，转产经营其他项目。

3）向政府部门求助，等待政府救市。

思考题

1．你如何理解责任？

2．有的人说只要做好分内的事情就足够了，你赞成这种观点吗？为什么？

3．如何做一个有担当的职业人？

模块3　质量意识训练

案例分享

太麦克斯手表

在美国，市场上出售的三只手表中就有一只是标有太麦克斯（Timex）商标的手表。在欧洲和非洲等地，太麦克斯手表抛到哪里，哪里的手表市场就受到猛烈冲击。原因何在？一是这种表价格低廉，二是它奇特的广告宣传方式。有报道说："太麦克斯推销方式完全按照马戏团吸引观众的形式来进行"，这在保守的手表业中前所未闻。手表推销员访问零售店时，把手表猛摔在墙上，或浸入水桶里以证明其防震和防水性能。公司因其所谓的“拷打试验”而在国外享有盛名。它在做商业广告时，以实况进行电视转播，太麦克斯手表被拴在飞奔的马尾上，或从 41.51 米高处投入水中，或被缚在冲浪板和水陆两栖飞机上面之后，人们可以清楚地看到它继续走动不停……

太麦克斯的“拷打试验”广告术，不论在哪里使用，都获得了成功。例如，1962 年太麦克斯在非洲还是一个不知名的牌子。该公司发动了一场广告宣传战，仅 1963 年 12 月份太麦克斯便在非洲市场中出售了 1000 只，接着太麦克斯使用同样的绝招进入了法国市场。

能够支撑起“拷打试验”的正是太麦克斯坚不可摧的产品质量。

无独有偶，日本西铁城钟表商为了在澳大利亚打开市场，提高手表的知名度，曾声称某月某日将在某广场空投手表，谁捡到归谁。到了那天，日本钟表商雇用了一架直升机，将千余只手表空投到地面，当幸运者发现自己拣到的手表完好无损时，都奔走相告。

于是这种表的销路大开。应当说西铁城之所以打进澳大利亚市场，是由于这种“出人意料”的“硬碰硬”的质量宣传赢得了广大消费者的信赖，树立起了“过硬”的产品质量形象。

这就是质量的魅力。

知识视窗

质量是企业的生命线，狭义的质量是指产品的质量、服务的质量。

质量意识是人们对质量的认识、态度和行为，对企业来说，质量意识是其生存和发展的思想基础。

试想，菜农不吃自卖的菜，裁缝不穿自制的衣，牛奶加工商不喝自产的奶，化妆品公司不用自己的产品，这些个人或企业持有什么样的质量意识，能在市场上生存多久？由于奶粉质量问题，国人对国产奶粉的信任降至低谷。没有质量意识的国家欠缺安全感，没有质量意识的商家是极其可憎的，没有质量意识的人不可能感受真正的幸福。

有个老木匠准备退休，他告诉老板，说要回家与妻子儿女享受天伦之乐。老板舍不得他的好工人走，问他是否能帮忙再建一座房子，老木匠说可以。但大家后来都看得出来，他的心已不在工作上，他用的是软料，出的是粗活。房子建好的时候，老板把大门的钥匙递给他。“这是你的房子，”老板说，“我送给你的礼物。”他震惊得目瞪口呆，羞愧得无地自容。如果早知道是在给自己建房子，他怎么会这样呢？以后他得住在这样一幢粗制滥造的房子里！

还有一个关于降落伞的案例，故事发生在第二次世界大战中期，是美国空军和降落伞制造商之间的真实故事。在当时，降落伞的安全度不够完美，经过厂商努力地改善，使得降落伞良品率达到了99.9%，应该说这个良品率即使现在许多企业也很难达到。但是美国空军却对此公司说不，他们要求良品率必须达到100%。于是降落伞制造商的总经理便专程去飞行大队商讨此事，看是否能够降低水准。因为厂商认为，能够达到99.9%已接近完美了，没什么必要再改。美国空军一口回绝，因为品质没有折扣。后来，军方要求改变检查品质的方法——那就是从厂商前一周交货的降落伞中，随机挑出一个，让厂商负责人亲自使用降落伞从飞机上跳下。这个方法实施后，不良率立刻变成了零。

老木匠的故事告诉人们，质量意识就是要把产品当做为自己生产的；降落伞的故事旨在说明，质量标准要按客户的要求执行。质量意识，是把“顾客第一”作为信条，从而对待产品质量精益求精，追求100%的客户满意度。

一、做人做事追求零缺陷

对个人而言，质量就是一个人的素养，包括生活习惯、行为态度、工作能力等。个人的生活质量与企业的生产质量有着相似共通之处：追求以最快的速度实现高品质生活（生产）。在校学习期间，就应该自觉树立质量意识，坚决摒弃“60 分万岁”的思想，重视学业质量，扎扎实实学本领，认认真真学做人，不能随便应付学习，更不能敷衍自己的工作。

二、高标准要求自己

现代企业已经能真正意识到“产品质量就是企业的生命”“员工的质量意识是企业的灵魂”。企业家得出这样的结论：如果想在市场占有一席之地，就要靠员工将高科技转化成优质产品，员工的质量意识对于企业的重要性不言而喻，否则再多的管理人才和高新技术都是空中楼阁。

苹果公司，原称苹果电脑公司，核心业务是电子科技产品。苹果的 Apple II 于 1970 年助长了个人电脑革命，其后的 Macintosh 接力于 1980 年持续发展。最知名的产品是其出品的 Apple II、Macintosh 电脑、iPod 音乐播放器、iTunes 商店、iPhone 手机和 iPad 平板电脑等。苹果公司在高科技企业中以创新而闻名。2011 年 2 月，苹果公司打破诺基亚连续 15 年手机销售量第一的地位，成为全球第一大手机生产商。2011 年 8 月 10 日，苹果公司市值超过埃克森美孚，成为全球市值最高的上市公司。2011 年 10 月 19 日，苹果总部举行了一场乔布斯纪念会，题为“纪念史蒂夫·乔布斯的一生”。史蒂夫·乔布斯的成长充满了奇迹，他锐意创新，追求高品质，使自己和他创立的公司总是处在节节攀升的境界，直至他的生命结束。

作为学生，我们应该了解社会需求，了解企业何等重视质量管理，并且进行换位思考，站在企业的角度思考问题，意识到产品（服务）质量关系企业存亡，并自觉地把这种质量意识贯穿到自己的日常生活和学习中。经常检查一下自己：是否抱着无所谓的态度对待工作和学习？是否认真完成自己的事情？专业技术操作的动作是否规范？结果是否符合质量标准的要求？总之，我们需要把质量意识作为个人的追求，在生活习惯、工作态度、知识水平、技能水准等方面全面渗透，从最小的具体行动开始实施，立志把每件事做对、做好、做成，追求工作的标准和完美。

课堂训练

请大家列举 3 款高品质的产品，并说明你推荐这些产品的理由。

高品质产品：

推荐理由：

小组活动

小组游戏：多米诺骨牌游戏。

游戏程序如下。

1）分组。将学生分成几个大组，每组 8～10 人。

2）发放工具。将多米诺骨牌（包括图案）分发到各组。

3）讲解。讲解游戏方法，自制骨牌可设计较为简单的图形。

4）按要求开始摆放，根据购买块数情况定时间，一般不超过 30 分钟。

5）宣布结束。

6）评判。记分方式：时间+推倒的块数（1 块减 1 秒）。

7）评出优胜组。

8）教师点评。由教师进行点评，让学生了解在质量上“差之毫厘，谬以千里”的道理，充分认识到个人的质量意识会影响整体的成效。

操作规则如下。

1）摆牌规则，按照多米诺骨牌游戏规则进行。

2）多米诺骨牌尽量选用简单、图案简洁的，每组的图案及块数应尽量一致。

3）图案中可穿插各种微妙的机关，增强质量意识。

操作准备如下。

1）多米诺骨牌若干副，可自制（每张高 4.2cm、宽 2.4cm、厚 0.7cm、木质）。

2）一般一位同学做 5 块就可以。如果实在有困难，也可以用军棋或其他棋牌代替。应准备一副备用骨牌。

3）选择适宜的场地，教室内或平坦的操场上均可。注意：室外要考虑风会增加摆放的难度。

教师应在课前仔细阅读游戏规则。

思考题

1．质量意识有什么重要性？

2．结合自己的感受，谈谈质量意识和人生的关系。

模块 4　劳动维权意识训练

案例分享

小杜的遗憾

小杜毕业后，分配到某工厂干车工，并与工厂签订了为期 5 年的劳动合同。过了一年，他回家过春节，看到家乡的变化很大，决定辞职回家乡做个体经营。但小杜的厂领导不同意，认为按合同规定，小杜应提前 30 天递交辞职书才行。小杜没有理会厂领导的意见，擅自离开了工作岗位。

小杜开个体商店为享受政策优惠办理有关手续时，有关部门要求他出具与工作单位解除劳动合同证明。小杜无奈，只好又回到工厂，请求单位为他出具解除劳动合同证明。厂领导明确表示，不能为他出具解除劳动合同证明。

原因是，小杜辞职时没有提前30天通知工厂解除劳动合同，他擅自离去给工厂的生产造成了损失。

知识视窗

一、了解劳动者的权益

劳动者的权益主要包括平等就业和选择职业的权利、取得劳动报酬的权利、休息休假的权利、获得劳动安全卫生保护的权利、接受职业技能培训的权利、享受社会保险和福利的权利、提请劳动争议处理的权利以及法律规定的其他劳动权利等。

毕业生应着重了解就业权益，包括获取就业信息的权利，接受就业指导的权利，被推荐就业的权利，自主选择职业的权利，就业中的公平待遇权，违约及求偿权，档案保留权以及国家规定的其他权利。

毕业生权益通过各地就业主管部门进行保护，所在学校是实施保护的主体，毕业生需要在学校的指导下学会进行自我保护，熟悉有关的法律法规，如《中华人民共和国劳动法》《中华人民共和国劳动合同法》《中华人民共和国就业促进法》等。

二、学会识别，谨防求职陷阱

1. 识别虚假招聘，避免招聘陷阱

（1）**爆炸式招聘**　一招就几十人甚至上百人，从总经理到基层员工全部都招，这类型的招聘要慎重。

（2）**永久式招聘**　一家公司常年将招聘广告放在网上，这样的公司要小心。

（3）**单线式招聘**　联系方式模糊，显示“心虚”，要谨慎。

（4）**垃圾式招聘**　满大街贴的小广告多半是虚假广告。

（5）**色情式招聘**　打着急招“公关主任”的字样招聘，低要求高薪水，骗你没商量。

(6) **无底薪招聘** 不提供底薪，承诺会有高额提成，这类广告莫轻信。

(7) **中介式招聘** 招聘条件低，不透露公司细节，收取费用，通常不会有好工作，有时还是中介和用人单位合伙设下的骗局。

2．识别问题企业，避免就业“黑洞”

所谓问题企业，主要是指无证经营的假企业，俗称借“壳”；纯粹家庭式管理的企业；管理混乱的企业；连年亏损的企业；缺乏长远规划和竞争力的企业。这些问题有的在短时间很难发现，等到进入企业后再发觉已经迟了，就业时间成本受损不说，心理上容易受挫，因此要学会识别，尽可能避开问题企业。

1）可以通过查询网络了解企业，看是否有独立的网站，有没有不良报道。

2）咨询劳动保障监管部门，了解企业的诚信情况，是否有劳资纠纷等问题。

3）在面试时注意招聘主考官的表现，他们的言谈举止易暴露企业的痕迹，从主考人员的提问辨析有无企业发展的轨迹与企业文化内涵。

4）入职初期，观察用人单位办公环境是否有经营许可证等凭证，观看同事们的状态是否正常，侧面了解公司的经营状况，再看企业是否主动提供劳动合同的文本，以及文本是否正规、完整等。

5）企业的办公地址设在民宅或社区里，要慎重选择，这些企业往往是为了最大程度降低成本，有避税的可能，或许还处在筹备期。

3．试用期间的自我保护

“试用”已成了不少用人单位在招工时的普遍做法，这是受法律保护的。但在试用期内，不签订劳动合同、不缴纳社会保险、随意延长试用期，或者试用期间权益受损等现象，已成为广大学生就业中很无奈的遭遇。有媒体调查发现，大约 90%的学生在转正前，都被用人单位先试用，然后才签订劳动合同，其间合法权益很难保障。需要清楚的是，试用期是用人单位和劳动者建立劳动关系后为相互了解、选择而约定的不超过 6 个月的考察期，它包括在劳动合同期限内，受法律保护。《中华人民共和国劳动法》对试用期的期限、辞职等都有明确细致的规定。同学们求职时，莫让雇主将试用期从劳动合同中剥离出去，不要忽略了试用期间应有的劳动保障，像“五险一金”都不可少，还要警惕保证金、押金之类的骗局。

4．识别各类陷阱合同

口头合同、单方合同、生死合同、“两张皮”合同等都是存在严重缺陷的合同形式。口头之约缺乏保障，求职者应签署书面劳动合同来保护自己的合法权益；单方合同通常表现为只讲劳动者的义务，不讲权利，或者避而不谈企业应承担什么责任与义务；生死合同避重就轻，让劳动者自行做出某种不利选择，一旦发生争议，企业以合同是“自愿”签署为由拒绝承担责任；“两张皮”是指一份合同用于真正执行，一份合同用于应付检查，劳动者有时为了一份工作被迫造假为企业做掩护。

陷阱合同不难识别，难在当劳动力供求失衡时，求职者为得到工作，明知是陷阱，也甘愿一试。所以，建立正确、理性的求职观念更为重要。

三、正确处理劳动争议

处理劳动争议，可遵循的法规有《中华人民共和国企业劳动争议处理条例》以及各省颁布的相关条例。我国目前的劳动争议处理制度可以用“一调一裁两审”来概括，即发生劳动争议后，当事人除先进行协商外，可以申请劳动调解，调解不成，或者不愿意调解的，当事人可以向劳动争议仲裁委员会申请仲裁；对仲裁裁决不服的，可以向人民法院提起诉讼，其诉讼程序按照民事诉讼法的规定，实行两审终审制。“一调一裁两审”的制度将仲裁作为诉讼的一个前置程序，不经仲裁，当事人不能直接向人民法院提起诉讼。大致有以下三个问题需要注意。

1．了解自己提出辞职应承担的责任

提出辞职一定有原因，但无论什么原因，你需要了解自己需要承担的责任。一是与单位协商，主动提出解除合同的，按照相关规定，此类情况企业不予支付经济补偿金；二是违反劳动合同约定解除合同时，个人应当赔偿公司的损失，包括公司出资招录的招录费用、培训费用（双方另有约定的除外），给公司造成的

直接经济损失；三是个人自动离职，属于违法终止合同，赔偿方式跟第二种相同。

2．主动索要企业的离职证明书

离职证明书可以为解决劳动争议、日后到新企业工作工龄的延续、保险金续交等情况提供证据，离职时应该主动索要离职证明书。

3．注意保存相关证据

与企业发生争议的原因有多种，而企业作为劳动合同强势一方，往往利用自身的优势，将相关证据或隐瞒或毁灭，把责任推脱得一干二净。劳动者本人应该懂得保存相关证据，以便保护自身的权益。

课堂训练

通过网络资源和调查等方法，收集近期当地所发生的劳资纠纷等案件，分析案件的性质以及应对方法，要求讲出获得该信息的途径和方法。

纠纷事件描述	事件性质分析	应对办法

小组活动

模拟签订劳动合同，要求如下。

1．假如你是某家企业的行政主管，现在需要你接待来访的贵宾团一行十人，你有两个小时的准备时间，试按接待工作规范写出你的一系列想法和做法。

2．模拟签订劳动合同。

1）全班学生分成若干组，每组 8 人，其中 2 人扮演用人单位人力资源部工作人员，2 人扮演员工，每组搜索劳动合同参考文本并打印 3 份。

2）另选 5 人与任课教师组成裁判委员会，任命裁判长，负责对所有已经签订好的劳动合同进行评判，对签订合同过程中产生的分歧进行调解。

3）各组当事人双方就合同条款和内容进行协商，协商限时 20 分钟。协商过程以用人方为主，即使用人方发现合同中的问题，如果员工方没有提出疑义，也不必做修改。

4）协商结束。各组按顺序依次由员工方向裁判委员会汇报协商结果，包括：对合同是否有疑义，对哪些有疑义，修改意见是什么，修改的理由是什么？

思考题

1．如何正确处理劳动争议问题？

2．你所在地处理劳动争议的途径有哪些？联系方式如何？

3．顶岗实习期间，你打算怎样维护个人的劳动权益？

参考文献

[1] 蒋文立，孙玫璐．生涯规划[M]．上海：华东师范大学出版社，2005．

[2] 陈龙海，李忠霖．职业技能训练[M]．北京：北京师范大学出版社，2008．

[3] 卢志鹏．大学生就业与创业指导[M]．北京：北京理工大学出版社，2010．

[4] 智联招聘．找到好工作，工作才快乐[M]．上海：上海人民出版社，2007．

[5] 蒋乃平．职业生涯规划[M]．北京：高等教育出版社，2010．

[6] 张东风．技校生就业与创业指导[M]．广州：广东科技出版社，2011．

[7] 王秋梅．学生心理健康教育[M]．北京：中国商业出版社，2009．